DIE BESTEN REZEPTE MIT

Hackfleisch

DIE BESTEN REZEPTE MIT

Hackfleisch

KARL MÜLLER VERLAG

In gleicher Ausstattung sind bisher erschienen:

Aufläufe • Aufläufe & Gratins • Asien-Küche • Backen für jede Gelegenheit • Besser Backen mit vollwertigen Rezepten • Cocktails • Desserts • Die besten Rezepte mit Hackfleisch • Eintöpfe • Feste feiern • Fisch-Küche • Fleisch-Küche • Geflügel-Küche • Gemüse zu jeder Jahreszeit • Gesund · Schlank · Fit • Internationale Küche • Kalte Gerichte • Kartoffel-Küche • Käse-Küche • Aromatisch kochen mit Knoblauch • Nudel-Küche • Reis-Küche • Salate für jede Gelegenheit • Suppen-Küche • Trennkost • Vegetarische Küche • Vollwertküche • Weihnachtsbacken

Die Rezepte in diesem Buch wurden mit aller Sorgfalt zusammengestellt. Eine Garantie kann jedoch nicht übernommen werden. Der Verlag schließt eine Haftung für etwaige Personen-, Sach- und Vermögensschäden aus.

Konzeption: Elga Sondermann

Titelbild: Union Deutsche Lebensmittelwerke GmbH, Hamburg

6 7 8 9   2 1 00 9 8

Printed in E.E.C.

Inhalt

Einleitung

Hackfleisch – lecker, abwechslungsreich, preiswert

Hackfleischgerichte nehmen unter den vielen schmackhaften Fleischgerichten einen breiten Raum ein. Kochen mit Hackfleisch bietet zahlreiche Vorzüge: Es ist nicht nur preiswert – und preiswert kochen muß nicht schlecht sein –, es ist auch meist rasch zubereitet, da es kürzere Garzeiten benötigt, als ganze Fleischstücke. Der größte Vorteil von Hackfleisch allerdings ist die Tatsache, daß man es in unzähligen Variationen auf den Tisch bringen kann: von kalt bis heiß, von fruchtig bis würzig, gekocht oder gebraten, paniert oder fritiert, kombiniert mit Gemüse aller Art, aber auch mit Nudeln, Reis oder Kartoffeln. Mehr als 200 Rezepte dieser Variationen finden Sie in diesem Buch.

Was ist Hackfleisch?

Als Hackfleisch (regional auch Schabefleisch und in Österreich Faschiertes genannt) bezeichnet man im allgemeinen rohes, von groben Sehnen befreites Skelettmuskelfleisch verschiedener Schlachttiere, nachdem es durch den Fleischwolf gedreht wurde. Die Faserstruktur des rohen Fleisches wird durch das Zerkleinern so stark aufgelockert, daß das Fleisch in kürzester Zeit gart.
Das Fleisch, das als Hackfleisch verkauft wird, muß laut der vom Gesetzgeber erlassenen Hackfleischverordnung eine bestimmte Qualität aufweisen und darf außerdem nur am Tag seiner Herstellung, also nur frischdurchgedreht verkauft werden. Dies empfiehlt sich auch für den Haushalt: das Fleisch sollte auch am Tag des Kaufes verarbeitet, d.h. gebraten oder gekocht werden. Bis zu 12 Stunden im Kühlschrank sind akzeptabel. Im gegarten Zustand ist es 1–2 Tage im Kühlschrank haltbar oder auch zum Einfrieren geeignet.

Verschiedene Hackfleischsorten

Wenn Sie im Laden *Hackfleisch* verlangen, wird man Ihnen in den meisten Fällen »gemischtes Hackfleisch« anbieten, d.h. 50% Rind- und 50% Schweinefleisch. Laut Hackfleischverordnung darf dieses Hackfleisch maximal 30% Fett enthalten. Solches Hackfleisch ist auch gemeint, wenn es in diesem Buch als Zutat auftaucht.
Sollten Sie es allerdings weniger fett wünschen, müssen Sie beim Kauf einen entsprechend weniger hohen Schweinefleischanteil verlangen, oder sogar gleich reines *Rinderhackfleisch* verlangen, dessen Fettanteil 20% nicht übersteigen darf. Rinderhackfleisch besteht aus grob entsehntem Muskelfleisch.
Die teuerste, aber auch magerste Form von Hackfleisch ist *Tatar* (auch Beefsteakhack genannt), das maximal 6% Fett enthalten darf. Es wird aus bestem Rindfleisch hergestellt.
Außerdem können Sie noch zubereitetes Hackfleisch kaufen, auch *Mett* genannt. Hier handelt es sich meist um Schweinehackfleisch, das bereits mit Salz, Zwiebeln und Gewürzen abgeschmeckt wurde. Sein Fettanteil sollte 35% nicht übersteigen.
Eine ausgesprochen Berliner Spezialität ist *Hackepeter*, in der Substanz Mett entsprechend, allerdings grober gehackt.
Immer beliebter wird auch das Hackfleisch vom Lamm, auch *Lammhack* genannt.

Wie man Hackfleisch verarbeitet

Ob Hackfleisch oder Tatar, gewisse Zutaten wiederholen sich bei der Verarbeitung. Brötchen vom Vortag, in Milch oder Wasser eingeweicht, dann ausgedrückt, und Ei dienen zur Lockerung. Feingeschnittene Zwiebel, häufig zuvor angeröstet, Salz und Pfeffer sind außerdem unerläßlich. Durch Zugabe von Speck- oder Schinkenstreifen, von Leberwurst oder Leberresten, von Pilzen, Kapern oder gehackten Oliven kann der Fleischteig geschmacklich variiert werden. Als typische Gewürze eigenen sich je nach Neigung Majoran, Oregano, Rosmarin, Paprikapulver und auch Kümmel. Die Palette der Soßen, die zu Hackfleisch passen reicht von Rotwein- oder Paprikasoße bis zu Pilz-, Speck- oder Kräutersoßen. Wie Sie Hackfleisch kombinieren, ob für die Hausmannskost oder, wenn's mal was Besonderes sein soll, aber auch für die Party – dazu finden Sie hier zahlreiche Anregungen.

So wird der Hackfleischteig locker

Nicht nur das Brötchen von gestern dient zur Lockerung des Fleischteiges – keineswegs zur Verlängerung, wie böse Zungen behaupten –, ebenso gut können Sie 50 g Grau- oder Mischbrot ohne Rinde auf 500 g Hackfleisch verwenden, nach Belieben natürlich auch mehr. Wenn Sie weder Brötchen noch Brot im Haus haben, dient auch eine Handvoll Semmelbrösel, die Sie in etwas Sahne oder Milch haben quellen lassen, bevor Sie sie unter den Fleischteig kneten. Auch Haferflocken eignen sich hervorragend zur Lockerung von Hackfleischmischungen.

So bindet man Hackfleisch

Zum Binden des Hackfleischteiges dient das Ei, entweder ganz oder in seinen Bestandteilen. Je nach Rezept oder Geschmack nimmt man auf 500 g Hackfleisch 1 Ei, 2 Eigelb oder 1 ungeschlagenes Eiweiß. Eiweiß macht den Teig fester, Eigelb lockert eher auf. Zusätzlich kann man etwas Mehl oder 1–2 El Trockenpulver für Rohe Kartoffelklöße unterkneten.

Wie Sie dieses Kochbuch benutzen

Wir haben versucht, die schönsten Hackfleischrezepte – bekannte und unbekannte – für Sie zusammenzutragen. Über 200 Rezeptvorschläge sollen Ihnen als Anregung dienen, aber auch Ihre Phantasie anregen, daß Sie neue Ideen haben, indem Sie die Rezepte nach Ihrem Geschmack abwandeln oder kombinieren. So ist es Ihnen beispielsweise überlassen, Hackfleisch Ihrer Wahl zu verwenden, je nach dem wie fett oder fettarm Sie das Gericht zubereiten wollen. Auch bei der Zugabe von Gewürzen, sei es Pfeffer, Salz, Paprika, Knoblauch oder anderes, sollten Sie nach eigenem Geschmack dosieren und abschmecken.

Wir wünschen Ihnen viel Erfolg
und guten Appetit!

Buletten, Klopse, Hacksteaks, Fleischpflanzerl oder?

Kräuter-Lammburger vom Grill

(Seite 11)

400 g Lammhackfleisch
(Schulter oder Nacken)
200 g Schweinehackfleisch
2 Eier
4 El feine Haferflocken
1 Zwiebel
je 1 Bund Schnittlauch, Petersilie und Dill
ein Beet Kresse
Salz
frischgemahlener Pfeffer
Öl für den Rost

Kräuter waschen, trockenschwenken und fein hacken, Kresse abschneiden. Zwiebel und Knoblauchzehe fein hacken bzw. durch die Presse drücken. Kräuter, Zwiebel und Knoblauch zum gemischten Hackfleisch geben, Eier und Haferflocken zugeben. Alles gut vermengen und die Fleischmasse kräftig mit Salz und Pfeffer abschmecken, mit nassen Händen etwa 8 gleichgroße flache Brötchen formen. Rost mit Öl bepinseln und die Kräuter-Lammburger ca. 8–10 Minuten von jeder Seite grillen.

Lammbällchen auf Mangold

▷

125 g frischer Mangold
½ Bund Petersilie
1 Zwiebel
1 Knoblauchzehe
100 g griechischer Schafskäse
500 g Lammfleisch (Schulter)
4 El Pinienkerne
1 Ei
Kräutersalz
schwarzer Pfeffer

Mangold verlesen, harte Stiele entfernen und waschen. Petersilie in Röschen zupfen, nach dem Waschen sehr gut trocknen. Zwiebel und Knoblauch grob zerkleinern, Schafskäse mit einer Gabel etwas zerbröckeln. Fleisch in Stücke schneiden, abwechselnd Fleisch, Schafskäse, Zwiebel- und Knoblauchstücke sowie Mangold durch den Fleischwolf drehen und zu Hack verarbeiten. Pinienkerne grob-, Petersilie feingehackt zum Fleischteig geben, Ei und Gewürze zufügen und mit dem Knethaken zu einem geschmeidigen Teig verarbeiten, nochmals abschmecken. Aus dem Teig etwa pflaumengroße Bällchen formen und in der Pfanne von allen Seiten etwa 8–10 Minuten braten.

Versteckte Eier

▷

400 g Hackfleisch
1 Ei
1 kleine Zwiebel
½ Brötchen
Salz
Pfeffer
4 sehr kleine Eier

Aus Hackfleisch, Ei, feingehackter Zwiebel und dem eingeweichten, ausgedrückten Brötchen einen Hackfleischteig zubereiten, mit Salz und Pfeffer würzen. Die Eier 6 Minuten halbweich kochen, abschrecken. Jedes Ei mit ca. 100 g Hackfleischmasse umschließen. Die Hackfleischlaibe im Ofen auf der Saftpfanne bei 225 Grad etwa 20 Minuten braten und sofort servieren.

Hackbällchen im knusprigen Nudelmantel

350 g Schweinenacken
40 g Schalotten
1 Knoblauchzehe
50 g asiatische Wasserkastanien (a. d. Dose)
50 g Bambusschößlinge
½ Tl brauner Zucker
Salz
1 Ei
2 Tl Korianderblätter
200 g weiße Nudeln oder chin. lange Eiernudeln
1 Tl Öl
1 l Pflanzenöl zum Ausbacken

Fleisch zweimal durch die mittlere Scheibe des Fleischwolfs drehen. Schalotten und Knoblauch fein hacken. Kastanien und Bambus abtropfen, fein hacken. Die Zutaten mit Zucker, Salz, Ei und gehackten Korianderblättern verkneten, 30 Minuten kalt stellen. Nudeln kurz in heißes Wasser legen, sofort abschrecken, mit Öl mischen. Etwa 30–35 mal jeweils 5 Nudeln von 40 cm Länge nebeneinanderlegen, mit feuchtem Tuch bedecken. Mit nassen Händen aus der Fleischfarce 30–35 walnußgroße Bällchen formen. Je 5 Nudeln auf die Handfläche legen, ein Hackbällchen darauflegen, ein Nudelstrangende hineindrücken und dann ganz mit den Nudeln umwickeln, das Ende zum Befestigen unter einen Nudelstrang schieben. Bällchen portionsweise in 180 Grad heißem Öl 3–4 Minuten goldbraun backen und noch heiß mit pikanten Soßen servieren.

Tomaten in Hackfleischhülle

▷

500 g Hackfleisch
1 Ei
1 kleine Zwiebel
1 halbes Brötchen
2 El Tomatenmark
2 Bund Basilikum
6 kleine Tomaten
Salz
Pfeffer

Hackfleisch, Ei, eingeweichtes, ausgedrücktes Brötchen, feingeschnittene Zwiebel, kleingehacktes Basilikum und Tomatenmark zu einem Teig kneten, mit Salz und Pfeffer abschmecken. Jede Tomate mit 100 g der Hackfleischmasse umhüllen und im Ofen bei 225 Grad auf der Saftpfanne etwa 20 Minuten braten.

Geflügelbällchen mit Ananassoße

500 g Putenschnitzel
4 Schalotten, 1 Ei
50 g gekochter Schinken
½ Bund Petersilie
Salz, Pfeffer
1 El Speisestärke
1 Msp. gem. Ingwer
1 Tl Curry
abgeriebene Schale einer halben Orange
200 g kleine Champignons
Semmelbrösel
1 El Zucker, 1 El Butter
1 Dose Ananaswürfel
1 El Speisestärke
5 El Apfelsaft

Fleisch würfeln, im Mixer mit geschälten Schalotten, Schinken und Petersilie, Ei, Stärke und Gewürzen zerkleinern. Bällchen formen, die Pilze hineindrücken, in Semmelbröseln wälzen und in Öl 8 Minuten braten. Für die Soße Zucker in der Butter leicht karamelisieren, Ananaswürfel (ohne Saft) zufügen. Stärke in Apfelsaft auflösen und die Soße damit binden.

Reisbuletten

200 g gekochter Reis
500 g Hackfleisch
2–3 Zwiebeln
2 Knoblauchzehen
2 El Butter
1 Bund Petersilie
1 El Senf
2 El Worcestersoße
1 El Sojasoße
Salz
Pfeffer
1 El Chilipulver
1 Prise Zucker
1 El Meerrettich
1 Ei

Zwiebel schälen und fein reiben. Aus Reis, Hackfleisch, fein geriebenen Zwiebeln, durchgedrücktem Knoblauch, fein gehackter Petersilie, allen Gewürzen sowie dem Ei einen festen Hackfleischteig herstellen. Mit feuchten Händen kleine, flache Plinsen formen. In reichlich Fett fast schwimmend ausbacken, bis sie rundherum knusprig sind, gründlich abtropfen lassen und servieren.

Frikadellen mit grünem Pfeffer

▷

500 g Hackfleisch
1 Ei
1 kleine Zwiebel
1 halbes Brötchen
1 Glas grüne Pfefferkörner
Salz
Pfeffer

Aus Hackfleisch, Ei, feingehackter Zwiebel und dem eingeweichten, ausgedrückten Brötchen einen Hackteig kneten. Salz, Pfeffer und die abgetropften Pfefferkörner unter den Hackteig mischen, Frikadellen formen und in einer Pfanne auf jeder Seite 10 Minuten braten.

Hackbällchen mit Zucchinirisotto

1 Brötchen vom Vortag
400 g Hackfleisch
1 Zwiebel
4 Sardellenfilets
1 Ei
50 g Semmelbrösel
Salz
Pfeffer
Cayennepfeffer
1 Pck. gemischte Kräuter
etwas Schale einer unbehandelten Zitrone
200 g Langkornreis
4 El Öl
3/8 l Brühe
200 g passierte Tomaten
300 g Zucchini

Hackfleisch in einer großen Schüssel mit eingeweichtem, ausgedrücktem Brötchen, feingehackter Zwiebel, abgespülten und kleingeschnittenen Sardellen, Ei, Semmelbröseln, Salz, Pfeffer, Cayennepfeffer und Kräutern sowie Zitronenschale zu einem Teig kneten. Etwa 16 tischtennisballgroße Bällchen formen und ruhen lassen. Reis in 2 El Öl andünsten, 1/4 l Brühe mit dem Tomatenpüree mischen und zum Reis geben. Zugedeckt 30 Minuten bei milder Hitze garen, dabei immer etwas Brühe nachgießen. Zucchini putzen und in 2–3 cm lange Stifte schneiden, die letzten 5 Minuten unter dem Reis mitgaren. Eventuell noch etwas Brühe nachgießen, das Risotto sollte feucht sein. In einer großen Pfanne das übrige Öl erhitzen und die Hackbällchen darin rundum knusprig braten.

Frikadellen mit Schafskäse

▷

500 g Hackfleisch
1 Ei
1 kleine Zwiebel
1 halbes Brötchen
1 Knoblauchzehe
150 g Schafskäse
Salz, Pfeffer

Aus Hackfleisch, Ei, feingeschnittener Zwiebel und dem eingeweichten, ausgedrückten Brötchen einen Hackteig zubereiten. Mit Salz, Pfeffer und gepreßter Knoblauchzehe würzen. In sechs Portionen aufteilen, sechs Würfel Schafskäse schneiden und je einen Würfel in die Mitte einer jeden Frikadelle drücken. Flach formen und in einer Pfanne von jeder Seite etwa 10 Minuten braten.

Würzige Frikadellen mit Kartoffelsalat

800 g kleine Salatkartoffeln
4 Eier
Salz
500 g Hackfleisch
1 Brötchen vom Vortag
2 Zwiebeln
6 El Öl
1 Tl gemahlener Koriander
7 Cornichons
Cayennepfeffer
½ Tl Schale einer unbehandelten Zitrone
¼ l Fleischbrühe
3 El Essig
2 El Remouladensoße
Pfeffer
1 El Kapern
1 Bund Schnittlauch
2 Tomaten

Kartoffeln waschen und, knapp mit Salzwasser bedeckt, zugedeckt etwa 35 Minuten garkochen, 2 Eier 10 Minuten kochen, abschrecken. Hackfleisch mit den übrigen Eiern und eingeweichtem, ausgedrücktem Brötchen mischen. Feingehackte Zwiebel in 1 El Öl glasig dünsten, mit Koriander bestreuen, abkühlen lassen und zum Fleisch geben. Fünf feingewürfelte Cornichons mit Cayennepfeffer, Salz und Zitronenschale ebenfalls zum Fleischteig geben und alles gut verkneten, 12 kleine Frikadellen formen. Kartoffeln abgießen, schälen und in Scheiben schneiden. Brühe mit Essig und 2 El Öl aufkochen, zu den Kartoffeln gießen, vorsichtig mischen. Gekochte Eier pellen, Eigelb zerdrücken, Eiweiß klein hacken. Eine Paste aus Remouladensoße, Salz, Pfeffer und Eigelb rühren, Eiweiß und Kapern zufügen. Frikadellen im restlichen Öl von beiden Seiten bei nicht zu starker Hitze etwa 7 Minuten braten. Kartoffelsalat nochmals abschmecken und mit feingeschnittenem Schnittlauch bestreuen. Frikadellen mit in Scheiben geschnittenen Tomaten belegen, Remoulade daraufgeben, mit einem Stückchen Cornichon belegen und beliebig mit Tomatenecken, Petersilie und Kapern garnieren.

Frikadellen im Speckmantel

▷

500 g Hackfleisch
1 Brötchen vom Vortag
1 Ei
1 Zwiebel
Salz, Pfeffer
Muskat
6 schmale, lange Speckscheiben

Zwiebel schälen und fein reiben. Aus Hackfleisch, eingeweichtem, ausgedrücktem Brötchen, Ei und geriebener Zwiebel einen Hackteig kneten, mit Pfeffer, Salz und Muskat würzen. Frikadellen formen, ringsum in eine Speckscheibe hüllen, mit einem Zahnstocher seitlich zusammenstecken und in einer Pfanne mit etwas Öl braten, bis der Speck schön knusprig ist.

Frikadellen mit Paprika- und Zucchinisalat

1 Brötchen vom Vortag
1 Zwiebel
2 Knoblauchzehen
1 El Butter
1 Bund Petersilie
1 Zweig Rosmarin
500 g Rinderhackfleisch
Salz, 1 Ei
schwarzer Pfeffer
Edelsüßpaprikapulver
1 Tl Senf
2 El Öl
1 Lauchzwiebel
2 Chilischoten

Für die Salate:
je 1 rote, gelbe und grüne Paprikaschote
2 Zwiebeln
2 Knoblauchzehen
2 El Öl
Salz
schwarzer Pfeffer
1–2 El Essig
2 Fleischtomaten
2 Zucchini
2 El Olivenöl
Zitronensaft
Zucker

Für den Paprikasalat die Schoten putzen, waschen und längs in dünne Streifen schneiden. Zwiebeln und Knoblauch sehr fein hacken und die Hälfte davon in Öl glasig dünsten. Paprika eine Minute mitdünsten, mit Salz, Pfeffer und Essig würzen. Kalt stellen. Für den Zucchinisalat Tomaten überbrühen, häuten, entkernen und klein würfeln. Olivenöl erhitzen, restliche Zwiebel- und Knoblauchstücke hellgelb dünsten, Zucchini zugeben und kurz mitdünsten. Tomaten einrühren, aufkochen, zwei Minuten köcheln lassen, mit Salz, Pfeffer, Zitronensaft und Zucker würzen. Kalt stellen. Brötchen in Wasser einweichen. Zwiebel fein hacken und mit 1 El Butter weich dünsten, den gepreßten Knoblauch zugeben, vom Herd nehmen. Petersilie und Rosmarinnadeln fein hacken, mit der Zwiebel-Mischung, ausgedrücktem Brötchen und dem Ei unter das Hackfleisch mischen und das Ganze mit Salz, Pfeffer, Paprikapulver und Senf kräftig abschmecken. Etwa 15 Frikadellen formen und jede Seite ca. 4 Minuten braten. Lauchzwiebel und Chilischote schräg in feine Ringe schneiden, kurz mitbraten.

Salbeifrikadellen

▷

500 g Schweinehackfleisch
1 Ei
1 Brötchen vom Vortag
1 Tasse Milch
Salz, Pfeffer
1 Tl feingeriebener Salbei
frische Salbeiblätter

Brötchen in der Milch einweichen, ausdrücken und etwas zerpflücken. Hackfleisch mit Ei, ausgedrücktem Brötchen, Salz, Pfeffer und geriebenem Salbei kräftig durcharbeiten. Frikadellen formen und in der Pfanne von jeder Seite etwa 10 Minuten braten. Zum Anrichten jede Frikadelle mit einem frischen Salbeiblatt garnieren.

Frikadellen mit Linsen und Rosinen

1 Zwiebel
100 g rote Linsen
1 El kernlose Rosinen
¼ l Fleischbrühe
1 Bund Petersilie
500 g Hackfleisch
1 Ei
2 El Semmelbrösel
½ Tl Sambal Oelek
Salz
Pfeffer
3–4 El Öl
1 säuerlicher Apfel
Zitronensaft
150 g mildes Mango-Chutney

Linsen mit feingehackter Zwiebel, Rosinen und Fleischbrühe aufkochen und etwa 15 Minuten leicht köcheln lassen, bis die Linsen weich sind, aber noch etwas Biß haben. Abgießen und gut abtropfen lassen, in eine Schüssel füllen. Petersilie waschen, trockentupfen und ein paar schöne Blättchen zum Garnieren beiseitelegen. Den Rest hacken. Mit dem Hackfleisch und dem Ei in die Schüssel geben und gut durchkneten. Falls der Teig zu weich ist, Semmelbrösel untermischen. Mit Sambal Oelek, Salz und Pfeffer kräftig abschmecken. Mit nassen Händen 8 Frikadellen formen. Für die Beilage den Apfel schälen, vierteln, Kerngehäuse und Stiel entfernen. Apfelviertel in dünne Spalten schneiden. Sofort mit Zitronensaft beträufeln, damit sie sich nicht dunkel färben. Vorsichtig unter das Chutney mischen. Mit Zitronensaft abschmecken. Öl in einer Pfanne erhitzen, Frikadellen darin knusprig braten. Mit dem Chutney anrichten und mit Petersilienblättchen bestreuen.

Emmentaler in Hackfleischhülle

▷

500 g Hackfleisch
2 Knoblauchzehen
1 kleine Zwiebel
1 Brötchen vom Vortag
1 Tasse Milch
Salz, 1 Ei
weißer Pfeffer
100 g Emmentaler

Hackfleisch, Gewürze, zerdrückte Knoblauchzehen, Zwiebel, Ei und in Milch eingeweichtes und ausgedrücktes Brötchen gut mischen, Teig in acht handtellergroße Scheiben formen, gewürfelten Käse in die Mitte geben, Fleischteig drumherum schlagen, zu Bällchen formen und in Semmelbrösel wälzen. Die Bällchen in einer Pfanne von allen Seiten anbraten, auf mittlere Hitze reduzieren und etwa 8 Minuten unter häufigem Wenden fertigbraten.

Frikadellen mit Möhren und Kreuzkümmel

1 Brötchen vom Vortag
etwas Milch
1 Zwiebel
3–4 El Öl
250 g Karotten
Zitronensaft
500 g Hackfleisch
1 Ei
1 Tl gemahlener Kreuzkümmel
Salz
Pfeffer
50 g Staudensellerie
3 El Butter
2 Tl Zucker

Brötchen in etwas Milch einweichen, feingehackte Zwiebel in Öl andünsten. Möhren schälen, ein paar dünn geschnittene Scheiben beiseitelegen, den Rest fein raspeln und mit Zitronensaft beträufeln. Hackfleisch mit ausgedrücktem Brötchen, Zwiebel, Karotten, Ei, Kreuzkümmel, Salz und Pfeffer gut verkneten und kräftig abschmecken, 8 Frikadellen formen. Sellerie putzen, waschen, ein paar grüne zarte Blättchen beiseitelegen, die einzelnen Stangen schräg in 5–6 cm lange Stücke schneiden und in einer großen Pfanne in Butter bei mittlerer Hitze andünsten, mit Zucker bestreuen und unter mehrmaligem Wenden weitere 1–2 Minuten dünsten. Einige El Wasser zugeben und zugedeckt fertiggaren, so daß die Selleriestücke noch Biß haben, mit Salz und Pfeffer würzen, herausnehmen und beiseitestellen. Frikadellen in derselben Pfanne im restlichen Öl von allen Seiten braun braten. Mit den Selleriestückchen anrichten. Vor dem Servieren mit Selleriegrün und Möhrenscheiben garnieren.

Hackmedaillons mit Käsehaube

▷

500 g Hackfleisch
1 Zwiebel
2 Eier
2 El Kondensmilch
3 El Semmelbrösel
Salz
Pfeffer
8 Scheiben Gouda
4 reife Birnen

Hackfleisch mit allen Zutaten gut mischen und 8 flache Frikadellen formen. Grillrost mit Alufolie belegen, Frikadellen darauf verteilen und im Ofen auf mittlerer Einschubleiste bei 250 Grad etwa 7 Minuten grillen. Zwischenzeitlich Birnen schälen, halbieren und der Größe der Frikadellen anpassen. Frikadellen auf dem Rost wenden, mit den Birnenhälften (Rundung nach oben) belegen, Käsescheiben darüberlegen und auf der mittleren Einschubleiste weitergrillen, bis der Käse zu schmelzen beginnt und die Birnen umschließt.

Tomaten-Minze-Buletten

1 Brötchen vom Vortag
1 Zwiebel
4 Knoblauchzehen
1 Fleischtomate
500 g Hackfleisch
100 g Schafskäse
1 El Crème fraîche
2 Eigelb
1 Tl Schale einer Zitrone
½ Bund Minze
Salz, Pfeffer
Rosenpaprika
4 El Öl

Brötchen in Wasser einweichen. Zwiebel sehr fein würfeln. Zwei Knoblauchzehen zerdrücken, zwei in dünne Scheibchen schneiden. Tomate waschen, achteln, entkernen, in kleine Würfel schneiden. Zwiebel, Knoblauch und Tomate (bis auf 1 El) zum Hackfleisch geben. Schafskäse grob zerbröckeln, Brötchen gut ausdrücken und zusammen mit Crème fraîche, Eigelb und abgeriebener Zitronenschale zum Hack geben. Mit sechs streifig geschnittenen Minzeblättern, Salz, Pfeffer und Paprika würzen. Alles gründlich kneten, zu etwa zwölf Buletten formen und in Öl von jeder Seite 5 Minuten braten. Die Knoblauchscheibchen und Tomatenwürfel kurz mitbraten. Zum Schluß mit frischen Minzeblättern garnieren.

Pikante Hacksteaks mit Camembert

▷

500 g Rinderhackfleisch
Salz
Pfeffer
1 unbehandelte Zitrone
100 g Camembert
100 g Räucherspeck in dünnen Scheiben
80 g Butter
1 Zwiebel
¼ l Weißwein
¼ l Fleischbrühe
2 Eigelb
Estragon

Hackfleisch mit Salz, Pfeffer und etwas abgeriebener Zitronenschale verkneten, gewürfelten Camembert untermischen, kleine, flache Hacksteaks formen und den Rand mit je einer Räucherspeckscheibe umwickeln. Mit einem Zahnstocher fixieren. Die Hacksteaks in 30 g Butter von jeder Seite etwa 5 Minuten braten, danach im Ofen warmhalten. Im verbleibenden Fett die gewürfelte Zwiebel anbraten, mit Weißwein und Fleischbrühe aufgießen und um ein Drittel einkochen. Diesen Fond durch ein Sieb in eine Metallschüssel (aufs Wasserbad passend) umgießen, etwas abkühlen lassen. 1 El Zitronensaft und das Eigelb einrühren, auf dem heißen Wasserbad dick schaumig aufschlagen, mit Salz, Pfeffer und Estragon abschmecken und zum Schluß die restliche Butter in kleinen Stückchen unterziehen. Soße zu den Hacksteaks servieren.

Frikadellen mit Mandeln

1 große Zwiebel
1 Knoblauchzehe
5–6 El Olivenöl
50 g grobgemahlene Mandeln
2 Scheiben Weißbrot ohne Rinde
etwas Milch
4 Sardellenfilets
1 Bund Petersilie
500 g Rinderhackfleisch
1 Ei
Salz
Pfeffer
Paprika
3–4 mittelgroße Fleischtomaten
150 g grüne gefüllte Oliven

Feingehackten Knoblauch und Zwiebel in 2 El Öl weich dünsten, ohne daß sie braun werden, Mandeln zugeben und kurz mitrösten, Mischung abkühlen lassen. Weißbrot in etwas Milch einweichen. Sardellenfilets abspülen, trockentupfen und fein hacken. Petersilie abspülen, ein paar Blättchen beiseitelegen, den Rest ebenfalls hacken. Hackfleisch mit Mandelmischung, ausgedrücktem Brot, Sardellenfilets, Petersilie und Ei verkneten, mit Salz, Pfeffer und Paprika kräftig abschmecken, 8 Frikadellen formen und im restlichen Öl knusprig braten. Zwischenzeitlich Tomaten in Scheiben schneiden. Frikadellen mit Tomatenscheiben, Oliven und Petersilienblättchen garnieren, mit Salz und grobem Pfeffer bestreuen.

Hacksteak mit Mangosoße

▷

100 g entsteinte Trockenpflaumen
200 g Mango
3 El trockener Weißwein
200 ml Orangensaft
Curry
Tabasco
3 El Sonnenblumenöl
½ Tl Zitronensaft
1 Msp. Senf
Salz
Pfeffer
50 g Mischsalat
200 g Karotten
400 g Tatar
1 Eiweiß

Trockenpflaumen in feine Streifen schneiden, Mango schälen, das Fruchtfleisch vom Kern lösen und pürieren. Trockenpflaumen mit Weißwein und Orangensaft zugedeckt 4 Minuten köcheln lassen, Mangopüree unterrühren und kurz miterhitzen. Die Soße mit Curry und Tabasco abschmecken. 2 El Sonnenblumenöl mit Zitronensaft, Senf, Salz und Pfeffer verrühren, den Mischsalat damit anmachen. Karotten grob raspeln und mit Tatar, Eiweiß, Salz und Pfeffer gründlich verkneten. Aus der Masse zwei große Hacksteaks formen und im restlichen Öl auf beiden Seiten je 5 Minuten knusprig braun braten. Mit der Mango-Trockenpflaumen-Soße und dem Salat anrichten.

Ingwerfrikadellen

1 Bund Frühlingszwiebeln
1 haselnußgroßes Stück frischer Ingwer
1–2 Knoblauchzehen
6–7 El Öl
500 g Schweinehackfleisch
200 g gekochter Reis
1 Ei
3–4 El Sojasoße
Salz
Pfeffer
250 g frische Bohnensprossen
1 kleine rote Paprikaschote
2 El Cashewkerne

Frühlingszwiebeln in dünne Ringe schneiden, etwas zum Verzieren beiseitestellen. Ingwer schälen, sehr fein würfeln. Knoblauch schälen und fein hacken. Frühlingszwiebeln mit feingehacktem Knoblauch in Öl andünsten. Hackfleisch, 1 Tl gewürfelten Ingwer, Frühlingszwiebeln und Knoblauch, Reis und Ei zu einem festen Fleischteig verkneten, mit 2–3 El Sojasoße, Salz und Pfeffer kräftig abschmecken, 8 Frikadellen formen und in Öl braten. Für den Salat Bohnensprossen in sprudelnd kochendem Salzwasser aufkochen, abgießen, sofort kalt abschrecken und gut abtropfen lassen. Paprikaschote in möglichst kleine Würfel schneiden. 2 El Öl, Sojasoße, Pfeffer und eventuell etwas Salz zu einer Marinade verrühren, das Gemüse darin wenden. Halbierte oder grob gehackte Cashewkerne über den Salat, die zurückgelegten Frühlingszwiebeln über die Frikadellen streuen und servieren.

Hackfleisch-Gorgonzola-Bällchen

▷

500 g Hackfleisch
1 El mittelscharfer Senf
wenig Salz
weißer Pfeffer
1 Prise Zucker
1 Ei
1 Tl Mehl
100 g Gorgonzola
12 Walnußhälften
25 g Semmelbrösel
50 g Knoblauchbutter

Hackfleisch mit Senf, Salz, Pfeffer und Zucker würzig abschmecken, Ei und Mehl danach in die Masse kneten. Edelpilzkäse in 12 gleich große Stücke schneiden. Aus der Hackfleischmasse eine Rolle formen und in 12 Portionen teilen, jeweils mit einem Stück Käse und einer Walnußhälfte füllen, zu Bällchen formen und in Semmelbröseln wenden. Knoblauchbutter in einer Pfanne langsam erhitzen und die Bällchen unter mehrfachem Wenden braun braten.

Lammfrikadellen mit Zitrone

500 g Lammhackfleisch aus der Schulter
100 g gekochter Reis
1 Zwiebel
1 Ei
4-5 El Olivenöl
abgeriebene Schale und Saft einer unbehandelten Zitrone
1 El Pinienkerne
1 Tl Oregano
Salz
Pfeffer
½ Salatgurke
200 g (griechischer) Joghurt
1–2 Knoblauchzehen
1 El Essig
1 Bund Dill
3 Stengel frische Minze

Lammfleisch durch den Fleischwolf drehen, mit Reis, feingeriebener Zwiebel, Ei, 1 El Olivenöl, Zitronenschale, 2–3 El Zitronensaft, gehackten Pinienkernen und Oregano gut verkneten, mit Salz, Pfeffer und eventuell noch etwas Zitronensaft sehr kräftig abschmecken, 8 Frikadellen formen und in Öl braten. Salatgurke waschen, mit Schale längs vierteln, in Scheiben schneiden, mit etwas Salz bestreuen und ziehen lassen. Joghurt in eine Schüssel füllen, gepreßten Knoblauch zugeben, 1 El Öl und Essig zufügen. Kräuter verlesen, einige Minzeblättchen zum Garnieren beiseitelegen, Rest fein hacken und unter den Joghurt rühren. Gurkenscheiben abgießen, vorsichtig ausdrücken und ebenfalls zum Joghurt geben, abschmecken. Frikadellen mit Joghurt anrichten, mit Minzeblättchen garnieren.

Frikadellen mit Tomate

▷

500 g Hackfleisch
1 Brötchen vom Vortag
1 Zwiebel
Salz
Pfeffer
Petersilie
1 Ei
1 Tomate

Hackfleisch mit eingeweichtem, ausgedrücktem Brötchen, feingehackter Zwiebel, Ei und der feingehackten Petersilie gut durchmischen und würzen. Etwa 8–10 Klöße formen und bei mittlerer Hitze langsam braun braten. Kurz vor dem Servieren die in Scheiben geschnittene Tomate in die Pfanne geben und leicht andünsten.

Geflügelfrikadellen mit Spinat und Käse

250 g Blattspinat
Salz
Pfeffer
Muskat
1 Brötchen vom Vortag
etwas Milch
1 Zwiebel
500 g durchgedrehtes Putenschnitzel
1 Ei
1 Tl getrockneter Salbei
100 g Cheddar-Käse am Stück
4 El Butterschmalz
etwa 100 g grün- und rotblättriger Salat
2 El Öl
1–2 El Essig

Blattspinat verlesen, waschen, Stiele entfernen, und in einem großen Topf bei starker Hitze zusammenfallen lassen, in ein Sieb schütten, sehr gut abtropfen lassen, fein hacken und mit Salz, Pfeffer und Muskat kräftig würzen. Putenhackfleisch mit Spinat, in Milch eingeweichtem, ausgedrücktem Brötchen, sehr feingehackter Zwiebel, Ei und zerriebenem Salbei gut verkneten, mit Salz und Pfeffer kräftig abschmecken. Vom Käse 4 El grob raffeln, Rest in 8 gleichgroße Würfel schneiden. Aus dem Fleischteig 8 Frikadellen formen, jeweils einen Käsewürfel in die Mitte einarbeiten und in Butterschmalz goldbraun braten, restlichen Käse über die Frikadellen streuen und schmelzen lassen. Zwischenzeitlich Salat putzen. Aus Öl, Essig, Salz und Pfeffer eine Marinade rühren, über dem Salat verteilen.

Königsberger Klopse

▷

375 g Hackfleisch
4 Zwiebeln
1 El Kapern
1 Ei
Salz
Pfeffer
1 Tl Majoran
1 Pck. gemischte Kräuter

Für die Soße:
2 Eigelb
3 El Klopsbrühe
3 El Weißwein
3 El Zitronensaft
100 g kalte Butterwürfel
1 Becher Crème fraîche
1 El Kapern
Salz
Pfeffer
1 Prise Zucker

Hackfleisch mit gewürfelten Zwiebeln, gehackten Kapern, Ei, Salz, Pfeffer, Majoran und den gemischten Kräutern vermengen, kleine Bällchen formen. Diese in 1 Liter kochendes Salzwasser geben und etwa 10–15 Minuten ziehen lassen. Für die Soße Eigelb mit Klopsbrühe, Wein und Zitronensaft unter ständigem Rühren erhitzen, bis die Masse dicklich wird, nach und nach die Butterwürfel unterrühren, mit Crème fraîche, gehackten Kapern und den Gewürzen abschmecken. Die heißen Bällchen in die Soße geben, aber nicht mehr kochen lassen, mit Reis servieren.

Hähnchenfrikadellen mit Zucchini-Chutney

150 g ungesalzene Cashewnüsse
4 Scheiben Weizentoast
1 Knoblauchzehe
1 Bund Schnittlauch
250 g Zucchini
Salz
500 g Hähnchenbrustfilet
2 El Sojasoße
3 Tl scharfes Currypulver
2 Eier
50 g Butter
40 g Butterschmalz
3 El Mango-Chutney
2 El (Balsamico-) Essig
3 El Öl
4 El Zitronensaft

Cashewkerne in einer Pfanne ohne Fett unter Wenden goldbraun rösten. Zucchini waschen, putzen, grob raffeln, salzen und beiseitestellen. Gewürfeltes Hähnchenbrustfilet, eingeweichtes, ausgedrücktes Toastbrot und Knoblauch durch die mittlere Scheibe des Fleischwolfes drehen, Sojasoße, Curry, Schnittlauchröllchen, Eier und weiche Butter unterkneten, salzen und grob gehackte Cashewkerne untermischen, 8 Frikadellen formen und in Butterschmalz von jeder Seite etwa 5 Minuten bei milder Hitze braten. Zucchini gut ausdrücken und mit püriertem Mango-Chutney, Essig, Öl und Zitronensaft gut verrühren, abschmecken und zu den Frikadellen servieren.

Karotten-Hacksteaks auf Rahmporree (2 Portionen)

▷

200 g Porree
10 g Butter
Zitronensaft
Salz
Cayennepfeffer
1 El Sahne-Dickmilch
100 g Tatar
1 kleine Karotte
Pfeffer
Petersilie

Von dem Porree die langen grünen Blätter entfernen, den Rest putzen, waschen, in dünne Ringe schneiden und in der halben Buttermenge andünsten, mit etwas Zitronensaft, wenig Salz und Pfeffer würzen und 5 Minuten weiterdünsten. Zuletzt Dickmilch unterrühren und abschmecken, bei geringer Hitze warmhalten. Karotte waschen, schaben, raspeln und mit Tatar, wenig Salz, Pfeffer und etwas feingehackter Petersilie verkneten, zwei flache Hacksteaks formen, in der restlichen Butter auf jeder Seite 3 Minuten knusprig braten und auf zwei Tellern mit dem Rahmporree zusammen anrichten.

Fleischklöße in Spinat-Zitronen-Soße

1 Brötchen vom Vortag
1 Zwiebel
400 g Hackfleisch
1 Ei
Salz
Pfeffer
Edelsüßpaprikapulver
1 Bund Petersilie
200 g Langkornreis
300 g pürierter Spinat
½ unbehandelte Zitrone
Muskat
4 El Schlagsahne

Hackfleisch mit eingeweichtem, ausgedrücktem Brötchen, feingehackter Zwiebel, Ei, Salz, Pfeffer, Paprika und kleingeschnittener Petersilie verkneten, 12 kleine Klöße daraus formen und in 2 l kochendem Salzwasser bei zurückgeschalteter Temperatur etwa 20 Minuten garziehen lassen. Klöße herausnehmen, warmstellen, die Brühe durch ein Sieb gießen. Zwischenzeitlich Reis kochen und abgießen. Spinat mit ¼ der Klößchenbrühe aufkochen, glatt pürieren, mit Zitronensaft, Muskat, Salz und Pfeffer abschmecken. Klößchen nochmals kurz in der Soße ziehen lassen, auf Tellern mit Reis anrichten, je 1 El Sahne über die Soße träufeln, mit einer Gabel spiralenförmig verziehen und mit feinen Zitronenschalenstreifen garnieren.

Rinderhacksteaks auf Gemüse

▷

Für die Steaks:
2 rote Paprikaschoten
2 kleine Zwiebeln
2 Knoblauchzehen
2 Tl Kapern
8 El Öl
2 Tl mittelscharfer Senf
2 Eigelb
600 g Rinderhackfleisch
Salz
schwarzer Pfeffer

Für das Gemüse:
600 g Zucchini
80 g Butter
Salz
1 Tl frischer oder 2 Msp. getrockneter Thymian
Pfeffer

Paprikaschoten halbieren, die Kerne und die weißen Trennwände ausschneiden, die Hälften waschen. Zwiebeln und Knoblauchzehen schälen, zusammen mit den Paprikaschotenhälften und den Kapern sehr fein schneiden oder mit dem Wiegemesser zerkleinern. 4 El Öl erhitzen und darin das kleingeschnittene Gemüse kurz anschwitzen. Senf mit Eigelb, Hackfleisch, dem angeschwitzten Gemüse, Salz und Pfeffer vermischen. Eventuell etwas Mineralwasser dazugeben, falls der Teig zu fest sein sollte. Das restliche Öl erhitzen. Aus dem Fleischteig mit feuchten Händen 8 Hacksteaks formen und von jeder Seite 4–5 Minuten braten. Für das Gemüse die Zucchini heiß waschen, in Scheiben schneiden und in der heißen Butter unter ständigem Wenden 4–5 Minuten braten. Dabei salzen, den Thymian und den Pfeffer darüberstreuen. Dazu paßt Kartoffelpüree.

Scharfe Hackklößchen

4 chin. Mu-Err-Pilze
2 Knoblauchzehen
1 Tl Ingwerpulver
2 Lauchzwiebeln
6–8 rote Chilischoten
75 g gekochter Langkornreis
1 Ei
2 El Sojasoße
Schale einer unbehandelten Zitrone
500 g mageres Rinderhackfleisch
Salz
schwarzer Pfeffer
1 Tl Korianderpulver
7–8 Tl Sesam

Pilze waschen, ½ Stunde einweichen. Inzwischen Knoblauch fein hacken, Lauchzwiebeln und 1 Chilischote waschen, putzen und fein würfeln. Die vorbereiteten Zutaten mit dem Reis, Ei, Sojasoße, Ingwerpulver und etwas abgeriebener Zitronenschale zum Hackfleisch geben. Die abgetropften, sehr klein gewürfelten Pilze, Salz, Pfeffer und Koriander zum Hack geben und alles gründlich verkneten. Mit nassen Händen ca. 30 Klößchen formen, in Sesam wälzen und etwa 8 Minuten rundum braten. Mit Zitronenschalenstreifen und Chilischoten garnieren.

Tatarsteaks mit Zwiebel-Tomaten-Gemüse

▷

500 g Rinderhackfleisch
Salz
Pfeffer
4 El Öl

Für das Gemüse:
2 Gemüsezwiebeln
1 Knoblauchzehe
6 El Öl
3 Fleischtomaten
1 El gemischte Kräuter
Salz
Pfeffer

Rinderhackfleisch mit Salz und Pfeffer schwach würzen, mit feuchten Händen 4 flache Tatarsteaks von ca. ½ cm Dicke formen und im heißen Öl bei nicht zu großer Hitze von beiden Seiten in 2–3 Minuten braten. Danach nochmals schwach salzen und pfeffern. Für das Gemüse die Zwiebeln und den Knoblauch schälen. Die Zwiebeln in dünne Ringe schneiden und den Knoblauch fein hacken. Öl in einer Pfanne erhitzen und beides hellgelb andünsten. Die Tomaten einritzen, kurz in kochendes Wasser halten und die Haut abziehen. Die Früchte halbieren, die Kerne herausdrücken und in Würfel schneiden. Dann die Tomatenwürfel zu den Zwiebeln geben, die Kräuter darüberstreuen, salzen und pfeffern und alles zusammen noch 2–3 Minuten dünsten. Dann abschmecken.
Dazu passen Petersilienkartoffeln.

Rindfleischklößchen in Kresse-Sahne-Soße

500 g Rinderhackfleisch
4 Eigelb
4 El Magermilchjoghurt
Salz
Cayennepfeffer
2 Zwiebeln
4 Tl Tomatenmark
Rinderfond aus dem Glas
1 Becher Schlagsahne
einige Tropfen Worcestersoße
2 Kressebeete

Hackfleisch mit Eigelb, Joghurt, Salz und Cayennepfeffer verkneten, kleine Klößchen daraus formen und in einer Pfanne unter Wenden etwa 6–8 Minuten braten, warmstellen. Zwiebel würfeln und im Bratfett glasig dünsten, Tomatenmark zugeben, mit Rinderfond und Sahne ablöschen und 3–4 Minuten cremig einkochen lassen, danach mit Salz, Worcestersoße und Cayennepfeffer abschmecken. Kresse von den Beeten schneiden, ⅔ davon in die Soße geben. Die Klößchen kurz in der Soße erwärmen, auf vorgewärmten Tellern anrichten, mit der restlichen Kresse garnieren und sofort servieren.

Kalbfleischklößchen mit Spargel, Erbsen und Möhren ▷

2 Scheiben Weißbrot
⅛ l lauwarme Milch
40 g gekochter Schinken
100 g gehacktes Kalbfleisch
Salz
Pfeffer
Muskat
½ Tl frische feingehackte Kerbelblätter
80 g Butter
500 g Spargel
300 g Erbsen
300 g Möhren
¼ l Sahne
⅛ l Fleischbrühe
weißer Soßenbinder

Weißbrot von der Rinde befreien und in der lauwarmen Milch einweichen. Schinken in feinste Würfel schneiden. Weißbrot ausdrücken und mit den übrigen Zutaten zu einem geschmeidigen Teig verarbeiten. Kräftig würzen und mit einem Eßlöffel ca. 12 Klößchen aus der Masse stechen. Butter in einer Pfanne erhitzen und die Klößchen darin 5–6 Minuten langsam bräunen. Spargel, Erbsen und Möhren jeweils separat schonend garen. Für die Soße Fleischbrühe erhitzen, Sahne dazugeben und mit Soßenbinder nach Belieben eindicken. Klößchen mit Gemüse und Soße auf einer vorgewärmten Platte anrichten.

Hackbällchen auf Ratatouille

1 Zwiebel
5 El Öl
300 g Rinderhackfleisch
1 Ei
Salz
Pfeffer
2 El (Vollkorn-) Semmelbrösel
1 rote Paprikaschote
1 grüne Paprikaschote
400 g Aubergine
1 Bund Frühlingszwiebeln
600 g Zucchini
1 Fleischtomate
2 Tl Kräuter der Provence
1-2 El Tomatenmark
200 g Langkornreis
1 El feine Zitronenschalenstreifen
1 El Butter

Zwiebel schälen und sehr fein hacken, in 1 El Öl glasig dünsten und mit Hackfleisch, Ei, Semmelbröseln, Salz und Pfeffer verkneten, kleine Kugeln formen und zugedeckt kalt stellen. Gemüse putzen, grob zerkleinern, in 3 El Öl andünsten und würzen, eventuell etwas Wasser zugießen. Tomatenmark unterrühren, zugedeckt 30 Minuten weiterdünsten. Nebenbei Reis in Salzwasser garen, abgießen, mit Zitronenschale und Fett mischen, warm halten. Zwischenzeitlich auch die Fleischbällchen etwa 15 Minuten von allen Seiten in Öl braun braten und zusammen mit Reis und Gemüse anrichten.

▷

Walnußfrikadellen

100 g Walnüsse (ohne Schale)
500 g Hackfleisch
2 El Ketchup
2 Eier
Salz
Pfeffer
16 halbe Walnüsse
200 g Butterschmalz

Nüsse mahlen oder hacken und mit dem Hackfleisch, Ketchup, Eiern, Salz und Pfeffer verkneten. 16 kleine Frikadellen daraus formen und auf jede eine halbe Walnuß drücken. Butterschmalz in einer Pfanne erhitzen, Frikadellen darin bei nicht zu starker Hitze von jeder Seite 6–8 Minuten braten. Auf etwas Küchenkrepp kurz abtropfen lassen. Dazu paßt Kartoffelsalat.

Schinken-Spinat-Frikadellen

500 g Rinderhackfleisch
4 El Semmelbrösel
1 Ei
1 Tl Worcestersoße
Salz, Pfeffer

Für die Füllung:
100 g Räucherschinken
120 g Schinkenspeck
150 g (TK-) Blattspinat

Hackfleisch mit Semmelbröseln, Ei und Worcestersoße gut verkneten, salzen und pfeffern. Räucherschinken und Speck fein würfeln, in einer Pfanne auslassen; (aufgetauten) Spinat mit Speck- und Schinkenwürfeln gut mischen. Hackfleischmischung in vier Portionen teilen, von jeder Portion zwei Drittel abnehmen, eine Mulde in das Fleisch drücken, Füllung hineingeben, das restliche Drittel obenauf setzen, zu einer Frikadelle formen und bei starker Hitze anbraten, bei milder Hitze fertigbraten.

Frikadellen »Hawaii«

1 Brötchen vom Vortag
500 g Hackfleisch
1 Ei, Salz
Pfeffer
Curry
abgeriebene Schale einer halben Zitrone
1 Dose Ananas (gewürfelt)

Brötchen in etwas Wasser einweichen, ausdrücken und durch ein Sieb streichen. Mit Hackfleisch, Ei und den Gewürzen zu einem glatten Teig kneten. Ananaswürfel untermischen und 8 kleinere Frikadellen formen. Etwas Öl in der Pfanne erhitzen und die Frikadellen auf beiden Seiten knusprig braun braten. Dazu schmecken pikante Soßen.

Rinderhackbällchen in saurer Soße

▷

2 Zwiebeln
400 g Rinderhackfleisch
1 Ei
75 g gekochten Reis
2 El Petersilie
Salz
Pfeffer
1 Tl Edelsüßpaprikapulver
1 Tl Kreuzkümmel
1 Prise geriebene Minze
50 g Mehl
2 Möhren
1 Kartoffel
¾ l Fleischbrühe
60 g Butter
2 Eigelb
Saft von 1 ½ Zitronen

Zwiebeln schälen und sehr fein hacken. Hackfleisch in eine Schüssel geben, Ei, Reis, feingehackte Zwiebeln, gehackte Petersilie und Gewürze zugeben und alles gut durchkneten. Aus der Masse kleine Bällchen formen und in Mehl wälzen. Möhren waschen und schaben und mit der geschälten Kartoffel sehr klein schneiden. Fleischbrühe in einem großen Topf zum Kochen bringen, Butter zugeben. Hackfleischbällchen einzeln in die Brühe geben und das Gemüse zugeben. Etwa 15 Minuten köcheln lassen. Eigelb mit Zitronensaft verquirlen, mit etwas heißer Brühe verrühren und die Soße damit binden, die nun nicht mehr kochen darf. Dazu passen Salzkartoffeln.

Chilifrikadellen

500 g Rinderhackfleisch
1 Ei
1 El Crème fraîche
1 Zwiebel
2 Cornichons
6 kleine rote Chilischoten aus dem Glas
Salz
Pfeffer
Tabasco
1 Dose Maiskolben
2 grüne Paprikaschoten
3–4 El Butterschmalz

Hackfleisch, Ei, Crème fraîche, feingehackte Zwiebel und Cornichons und zwei sehr feingehackte Chilischoten gut verkneten, mit Salz, Pfeffer und Tabasco scharf abschmecken, 8 Frikadellen formen und in 2 El Butterschmalz braten. Maiskolben abtropfen lassen, in 3–4 cm lange Stücke schneiden, Paprikaschoten halbieren, längs in schmale Streifen schneiden. In einer zweiten Pfanne die Maiskolben in Butterschmalz goldbraun werden lassen, salzen und pfeffern. Frikadellen mit Maiskolbenstückchen, Paprikastreifen und je 1 Chilischote garnieren.

Fleischpflanzerl mit Sauce Tartare

▷

1 Brötchen vom Vortag
1/8 l Milch
1 Zwiebel
500 g Hackfleisch
2 Eier
1 Tl (Estragon-)Senf
Salz
Pfeffer
1 Tl Edelsüßpaprikapulver

Für das Gemüse:
2 Zwiebeln
2 rote Paprikaschoten
2 grüne Paprikaschoten
2 große Tomaten
5 El Öl

Für die Sauce Tartare:
1 Gewürzgurke
etwas abgeriebene Zitronenschale
5 Kapern
3 Sardellenringe
6 Perlzwiebeln
1 El Petersilie
1 Msp. Zucker
150 g Mayonnaise

Brötchen in der Milch etwa 15 Minuten einweichen, danach gut ausdrücken und zerpflücken. Zwiebel schälen und sehr fein hacken. Brötchen mit den Zwiebelwürfeln zum Fleisch geben, Gewürze zugeben und alles gut miteinander vermischen. Mit nassen Händen 4 Fleischpflanzerl formen. Für das Gemüse die Zwiebeln schälen und halbieren. Paprikaschoten ebenfalls halbieren, Kerne und weiße Trennwände entfernen. Tomaten halbieren. Öl in einer großen Pfanne erhitzen, Fleischpflanzerl in die Pfanne geben und von beiden Seiten bei nicht zu großer Hitze 4–5 Minuten braten. Danach das Gemüse zufügen und noch etwas mitbraten lassen. Für die Sauce Tartare die Zutaten sehr fein hacken, mit Zucker und Mayonnaise verrühren. Die Soße separat dazu servieren.

Flattermann

1 Brötchen vom Vortag
375 g durchgedrehtes Putenbrustfilet
1 Ei
Salz
schwarzer Pfeffer
2 El Öl
125 g Sojabohnensprossen
1/2 rote Paprikaschote
1/2 grüne Paprikaschote
4 El Schmant
Ingwerpulver
1 Msp. Cayennepfeffer
4 Vollkornbrötchen
4 Blätter Chinakohl

Putenhack mit eingeweichtem, ausgedrücktem Brötchen, Ei, Salz und Pfeffer verkneten, 4 flache Frikadellen formen und in heißem Öl von beiden Seiten etwa 6 Minuten goldbraun braten. Sojasprossen abspülen, gut abtropfen lassen. Kerne und weiße Trennwände aus der Paprika entfernen und in feine Streifen schneiden, Schmant mit Ingwer und Cayennepfeffer würzen. Die Brötchen halbieren, auf die unteren Hälften Salat und Frikadellen legen, mit Soße bestreichen, Paprika und Sojasprossen darauf verteilen und mit der oberen Brötchenhälfte abdecken.

Cheeseburger

▷

500 g Hackfleisch
Salz
Pfeffer
4 El Öl
4 Scheiben (Cheeseburger-) Scheibletten
4 Hamburger Brötchen
2 Tl Mayonnaise
4 Salatblätter
Ketchup

Hackfleisch mit Salz und Pfeffer würzen, in 4 gleiche Teile teilen und Buletten formen. Öl in der Pfanne erhitzen und das Fleisch darin knusprig braun braten. Mit je einer Scheibe Käse belegen und unter dem vorgeheizten Grill so lange überbacken, bis der Käse cremig geschmolzen ist. Hamburger Brötchen aufschneiden, untere Hälfte mit etwas Mayonnaise bestreichen, mit Salatblättern belegen und darauf je einen Cheeseburger legen. Nach Geschmack mit Ketchup würzen und mit der oberen Hälfte des Brötchens krönen.

Nußknacker

1 Brötchen vom Vortag
500 g Hackfleisch
1 Ei
Salz
Pfeffer
Edelsüßpaprikapulver
300 g Walnußkerne
2 El Öl
1 große Birne
3 El Zitronensaft
2 El Mayonnaise
2 El Vollmilchjoghurt
1 El Birnensaft
4 Vollkornbrötchen
4 Blätter Endiviensalat

Hackfleisch mit eingeweichtem, ausgedrücktem Brötchen, Ei, Salz, Pfeffer und Paprika verkneten, 4 Frikadellen formen und in 200 g fein gehackten Walnüssen wenden, in Öl von beiden Seiten etwa 8 Minuten braun braten. Birne schälen und in Spalten schneiden, mit Zitronensaft beträufeln. Mayonnaise, Joghurt und Birnensaft verrühren. Die 4 Brötchen halbieren, die unteren Hälften mit Salat, Frikadellen und Birnenspalten belegen, darauf Joghurt-Mayonnaise geben, mit den restlichen Walnußhälften und oberen Brötchenhälften bedecken.

Gefüllte Kartoffelbällchen

▷

500 g Kartoffeln
150 g Mehl
1 Ei
1 Eigelb
40 g Hartweizengrieß
Salz, Pfeffer

Für die Füllung:
1 Zwiebel
60 g Champignons
50 g Porree
10 g Butter
40 g gepökelte Rinderzunge (gewürfelt)
60 g Kalbshackfleisch
1 Tl gehackte Petersilie

Für die Soße:
300 g Sahne
1 Msp. Safranpulver
Salz, Pfeffer
100 g kleine Rote Bete (a. d. Glas)

Kartoffeln möglichst am Vortag mit etwas Salz kochen, abgießen und über Nacht stehen lassen. Kartoffeln schälen, würfeln und durch eine Presse drücken. Mit dem Mehl, Ei, Eigelb, Grieß, Salz und Pfeffer einen geschmeidigen Teig arbeiten. Auf bemehlter Arbeitsfläche eine Rolle von 30 cm Länge formen und in 16 Stücke schneiden. Mit Folie abdecken. Für die Füllung die Zwiebel schälen und würfeln. Champignons und Porree kleinschneiden und zusammen mit den Zwiebelwürfeln in der heißen Butter andünsten. Auskühlen lassen, dann mit den übrigen Zutaten für die Füllung vermengen. Die Kartoffelteigstücke auf bemehlter Arbeitsfläche etwas auseinanderdrücken (etwa 10 cm). 1 gehäuften Tl von der Füllung auf jedes Stück geben, zusammenklappen und mit bemehlten Händen Kugeln formen. Salzwasser zum Kochen bringen, die Bällchen hineinlegen und 20 Minuten bei geringer Wärmezufuhr darin ziehen lassen. Zwischenzeitlich die Soße zubereiten. Sahne mit Safran, Salz und Pfeffer in 10 Minuten auf kleiner Flamme einkochen lassen. Die rote Bete in Streifen schneiden und ganz zum Schluß vor dem Servieren in die Soße geben. Zum Servieren die Knödel aufreißen und mit der Soße reichen.

Hacksteaks mit Mozzarella

1 Zwiebel, 6 El Öl
2 Knoblauchzehen
2 Zweige Salbei
150 g gekochte Kartoffeln
1 Ei, Pfeffer
1 Tl Paprikapulver
500 g Hackfleisch
100 g Mozzarella, Salz

Zwiebel und Knoblauch schälen, fein würfeln. Salbeiblätter klein schneiden. Kartoffeln schälen, durch die Presse drücken, mit Ei, Salbei, Zwiebel, Knoblauch und den Gewürzen unter das Hackfleisch kneten, mit Salz abschmecken. Mozzarella abtropfen lassen und in feine Würfel schneiden. 8 Fleischkugeln formen, jeweils ein paar Käsewürfel in die Mitte drücken, etwas flach drücken. Im heißen Fett von jeder Seite knusprig braten.

Kalbsklößchen in Pilzsoße

2 Brötchen vom Vortag
5 El Cognac
2 Zwiebeln
500 g Kalbsschulter
1 Bund Petersilie
2 Eier
Salz, Pfeffer
1 Msp. Muskat
40 g Kräuterbutter
1 l Fleischbrühe
250 g Champignons
20 g Butter
1 Dose Mischpilze
1 Becher Sahne

Brötchen würfeln und mit Cognac beträufeln. Zwiebeln schälen, eine davon sehr fein würfeln. Fleisch mit der ganzen Zwiebel und der Hälfte der Petersilie durch den Fleischwolf drehen, mit den Eiern, 1 Tl Salz, Pfeffer und Muskat zu einem glatten Teig kneten. Kleine Klößchen formen, je ein Stückchen Kräuterbutter in die Mitte geben. Brühe zum Kochen bringen und die Klößchen darin bei kleiner Flamme ca. 20 Minuten ziehen lassen. Champignons putzen und blättrig schneiden, restliche Petersilie hacken. Zwiebelwürfel in der Butter glasig dünsten, alle Pilze, Petersilie und Sahne zufügen, 5 Minuten köcheln lassen. Mit Salz und Pfeffer abschmecken und die abgetropften Klößchen in der Soße servieren.

Hackfleisch in Hülle und Fülle

Weißkohlpiroggen mit Hackfleisch

(Seite 59)

250 g Hackfleisch
50 g durchwachsener Speck
125 g Zwiebeln
Salz
Pfeffer
Edelsüßpaprikapulver
Kümmel
Zucker
200 g gekochte Weißkohlblätter

Für den Teig:
250 g Mehl
175 g Butter
1 Ei
1 Tl Salz
5 El saure Sahne

Zum Bestreichen:
1 Ei
2 El Milch

Für den Teig in einer Schüssel Mehl, Salz, kalte Butter, Ei und saure Sahne schnell zu einem glatten Teig verkneten, einige Zeit kühl stellen. Den ganzen Kohlkopf nach Entfernen der beschädigten Blätter und des Blattansatzes 3 Minuten blanchieren, Blätter lösen und im Blanchierwasser nochmals 3 Minuten kochen, herausnehmen, abtropfen und auskühlen lassen. Zwischenzeitlich für die Füllung Speck fein würfeln und in einer Pfanne auslassen, Zwiebeln darin goldgelb dünsten, abkühlen lassen und das Hackfleisch untermischen, mit den Gewürzen pikant abschmecken. Teig ausrollen und runde, nicht zu dicke Plätzchen (ca. 15 cm Durchmesser) ausstechen. Jedes Plätzchen mit einem Kohlblatt belegen und mit einem Eßlöffel etwas Hackfleischmasse daraufgeben. Kohlblatt und Füllung zusammenrollen und den Teig darüber zusammenklappen. Teigränder gut andrücken, Oberfläche mit in Milch verquirltem Ei bestreichen. Piroggen auf ein gefettetes Backblech legen und bei 200 Grad 40 Minuten goldgelb backen. Auf einer vorgewärmten Platte servieren.

Maultaschen auf Spinat

200 g Mehl
Salz
2 Eier
2 El Öl

Für die Füllung:
½ Bund Petersilie
400 g Schweinemett
2 El Semmelbrösel
Pfeffer
Rosenpaprika

Für den Spinat:
2 Zwiebeln
2 Knoblauchzehen
600 g (TK-) Spinat
25 g geriebener Parmesan

Mehl mit Salz, Eiern und 1 El Öl zu einem geschmeidigen Teig kneten, in Plastikfolie ½ Stunde ruhen lassen. Schweinemett mit gehackter Petersilie und Semmelbröseln gut vermengen, kräftig abschmecken. Nudelteig halbieren, eine Hälfte auf bemehlter Arbeitsfläche zu einem Rechteck von 21 x 28 cm ausrollen. 12 Quadrate (7 x 7 cm) markieren und je 1 El Füllung daraufgeben, dabei immer einen zentimeterbreiten Rand freilassen. Übrigen Teig zu einer etwas größeren Platte ausrollen. Freigelassenen Teig der ersten Platte gut mit Wasser befeuchten, zweite Teigplatte darüberlegen, Zwischenräume fest andrücken, Quadrate ausschneiden und die Ränder mit einer Gabel verzieren. Die Maultaschen in 2 Liter kochendem Salzwasser 10 Minuten bei reduzierter Hitze ziehen lassen. Inzwischen Zwiebeln und Knoblauch schälen und fein hacken, in 1 El Öl glasig dünsten, Spinat zufügen und sanft erhitzen, schwach salzen. Maultaschen mit einem Schaumlöffel aus dem Wasser heben, auf Spinat anrichten und mit Parmesan bestreuen.

Ravioli mit Zitronen-Hackfüllung

Für den Teig:
300 g Mehl
3 Eier
½ Tl Salz

Für die Füllung:
3 Bund Petersilie
2 El Öl
Salz
250 g Hackfleisch
1 Zwiebel
1 Knoblauchzehe
6 El trockener Weißwein
schwarzer Pfeffer
1 Bund Zitronenmelisse
2 Tl Schale einer unbehandelten Zitrone
2 El Kapern
75 g Parmesan
2 El Semmelbrösel
2 Eier

Zwei Bund Petersilie spülen, hacken und mit 1 El Öl und etwas Salz pürieren. Mehl auf ein Teigbrett oder auf die Arbeitsfläche häufen, in die Mitte eine Mulde drücken. Eier hineinschlagen und Salz zugeben. Die Eier mit einer Gabel gut schlagen, dabei etwas Mehl zumischen. Dann das ganze Mehl, Eier, das Petersilienpüree und 1 El Wasser zu einem glatten und elastischen Teig verarbeiten. Abdecken und 15 Minuten ruhen lassen. Hackfleisch im übrigen Öl bröselig braten, fein gehackte Zwiebel und Knoblauch goldbraun dünsten, Wein angießen, salzen und pfeffern und weitere 5 Minuten kochen. Übrige Petersilie und Zitronenmelisse hacken, mit fein geriebener Zitronenschale, zerdrückten Kapern, 2 El frisch geriebenem Parmesankäse, Semmelbröseln, Eiern und Gewürzen unter das Hackfleisch mischen. Teig auf bemehlter Fläche gleichmäßig ausrollen und in etwa 10 cm breite Streifen teilen. Die Füllung im Abstand von 3 cm in zwei Reihen auf die eine Hälfte der Teigstreifen häufen, die andere Hälfte mit Wasser bestreichen und vorsichtig auf die Platte mit der Füllung legen, so daß die Ränder möglichst genau aufeinanderliegen. Teig um die Füllungshäufchen herum fest andrücken und mit einem runden Ausstecher oder einem Glas Ravioli ausstechen. 15 Minuten ruhen lassen. Ravioli in kochendes Salzwasser geben, bei milder Hitze etwa 10 Minuten garen, mit Petersilie und Parmesankäse bestreut servieren.

Schwäbische Maultaschen

▷

350 g Mehl
1 Prise Salz
5 Eier
250 g Spinat
300 g Hackfleisch
2 El Petersilie
1 El Semmelbrösel
1 Zwiebel
Salz
Pfeffer
Muskat

Zum Anrichten:
5 Zwiebeln
30 g Butter

Mehl mit Salz, Eiern und etwas Wasser zu einem sehr festen Teig verarbeiten. Gut durchkneten, damit er geschmeidig wird, messerdick ausrollen, 30 Minuten trocknen lassen. Spinat blanchieren, klein hacken, mit Hackfleisch, Ei, gehackter Petersilie, Semmelbröseln und gehackter Zwiebel zu einem festen Fleischteig verkneten, mit den Gewürzen abschmekken. Den ausgerollten Teig in 10 x 10 cm große Quadrate schneiden, Ränder mit Eiweiß bestreichen. Fleischteig portionsweise auf die Quadrate verteilen und diese zu Dreiecken zusammenklappen, Ränder fest zusammendrücken. Einen Topf mit Wasser zum Kochen bringen. Maultaschen in siedendem Salzwasser etwa 10 Minuten ziehen lassen. Zwiebeln schälen und in feine Ringe schneiden, in erhitzter Butter goldbraun rösten und die angerichteten Maultaschen damit belegen.

Gefüllte Poularde

1 Poularde (ca. 1,5 kg)
Salz
Pfeffer
Edelsüßpaprikapulver

Für die Füllung:
3 Scheiben Toastbrot
⅛l süße Sahne
250 g Hackfleisch
1 Zwiebel
2 El Petersilie
30 g Pistazien
Salz
Pfeffer
1 große Fleischtomate
Bratfolie (Supergröße)

Poularde waschen, gut abtrocknen, innen und außen mit den Gewürzen einreiben. Für die Füllung Toastbrot würfeln, in Sahne einweichen, Hackfleisch, kleingewürfelte Zwiebel, feingehackte Petersilie, gehackte Pistazien und Gewürze zugeben und gut verkneten, Poularde damit füllen, mit Zahnstochern zustecken oder zusammennähen und mit Tomatenvierteln in ausreichend bemessene Bratfolie mit der Brust nach oben geben. Folie verschließen und einstechen, auf den Rost legen und im Ofen auf der untersten Einschubleiste etwa 1½ Stunden braten. Poularde aus der Folie nehmen, Bratensaft in eine Kasserolle umgießen, eventuell mit Sahne und 1 Tl Tomatenmark binden.

Hackfleischtaschen

▷

375 g Mehl
2 Eigelb
4 El Wasser
150 g Butter

Für die Füllung:
500 g Hackfleisch
20 g Butter
1 Zwiebel
Basilikumblätter gerebelt
Piment
Muskatnuß
Zimt
Salz
schwarzer Pfeffer
1 Ei zum Bestreichen

Mehl, Eigelb, Wasser und Butter zu einem Teig verkneten. Für die Füllung Butter in einem Topf zerlassen, geriebene Zwiebel darin glasig dünsten, Hackfleisch zugeben und anrösten, mit den Gewürzen pikant abschmecken, abkühlen lassen. Teig auf einer bemehlten Arbeitsfläche etwa 3 mm dünn ausrollen, Kreise im Durchmesser von ca. 10 cm ausstechen, in die Mitte Füllung geben, den Rand ringsum mit Eiweiß bestreichen und zusammenklappen, Rand fest andrücken. Taschen mit Eigelb bestreichen, auf ein mit Alufolie belegtes Backblech setzen und bei 200 Grad etwa 30 Minuten im Ofen backen.

Lammtaschen

2 Zwiebeln
2 Knoblauchzehen
50 g gesalzene Erdnußkerne
1 Bund Petersilie
1 Topf Koriander
500 g Lammhackfleisch aus der Schulter
Salz
schwarzer Pfeffer
½ Tl Ingwerpulver
1 Msp. gemahlener Kreuzkümmel
5 El Erdnußöl
24 Warkha-Teigblätter
3 Eigelb
4 unbehandelte Limetten zum Garnieren

Zwiebeln und Knoblauch fein würfeln, Erdnüsse grob hacken, Petersilien- und Korianderblätter fein hacken. Hackfleisch mit Salz, Pfeffer, Ingwer und Kreuzkümmel herzhaft würzen, Kräuter untermischen, Teig kühl stellen. Zwischenzeitlich Zwiebeln und Knoblauch in heißem Erdnußöl glasig dünsten, Lammhack zugeben, bei starker Hitze etwa 5 Minuten braten und dabei möglichst fein zerbröseln, Erdnüsse untermischen, mit Salz und Pfeffer nachwürzen, abkühlen lassen. Teigblätter nebeneinander ausbreiten, Fleischteig eßlöffelweise unten rechts auf die Blätter setzen. Eigelb mit Wasser verquirlen, Teigränder damit einpinseln, Teigblatt nach rechts über die Füllung klappen, Ränder fest andrükken. Teigränder neu einpinseln, leeres Teigviertel über das gefüllte klappen, Ränder wieder fest andrücken. Teigtaschen im Ofen bei 175 Grad 25 Minuten goldbraun backen. Limetten in Spalten schneiden, mit den warmen Lammtaschen servieren.

Gefülltes Huhn

▷

1 zartes Huhn mit Hühnerklein
750 g Hackfleisch (Rind, Kalb, Schwein)
5 El Zwiebel
5 El Sellerie
5 El Petersilie
2 El Basilikum
2 Salbeiblättchen
¼ l Bouillon
50 g Butter
50 g Öl
1 Brötchen vom Vortag
50 g Reibekäse
2 Eier
Salz, Pfeffer
einige Scheiben Speck

Feingehacktes Gemüse, Hackfleisch und Hühnerklein in Öl bräunen, zusammen mit eingeweichtem, ausgedrücktem Brötchen und den anderen Zutaten eine gut gewürzte Füllmasse herstellen, in das sauber gewaschene Huhn füllen, zunähen, mit Speckscheiben umwickeln. in der Saftpfanne das Fett zerlassen, Huhn darin im Ofen bei 250 Grad 15 Minuten backen, mit der Bouillon angießen und bei etwas milderer Hitze eine gute Stunde weiterbraten. Die Speckscheiben entfernen und fertigbraten, bis die Haut knusprig ist.

Grüne Tortellini mit Gorgonzolasoße

Für den Tortelliniteig:
200 g Spinat
Salz
3 Eier
500 g Mehl
Für die Füllung:
1 Brötchen vom Vortag
350 g Hackfleisch
1 Ei
300 g Spinat
1 Zwiebel
2 Knoblauchzehen
2 El Olivenöl
Salz
Pfeffer
Delikateßpaprika
Für die Soße:
100 g weicher Gorgonzola
⅛ l Weißwein
¼ l Sahne
1 rote Chilischote
Salz
Pfeffer
Muskat

Für den Teig die Spinatblätter entstielen, in kochendem Salzwasser blanchieren, bis sie zusammenfallen, ausdrücken, sehr fein hacken. Aus diesem Püree mit Eiern, Salz und so viel Mehl, wie die Masse aufnimmt, einen festen, geschmeidigen Teig kneten, in Folie gewickelt mehrere Stunden ruhen lassen. Zwischenzeitlich Zwiebel, Knoblauch und Spinat fein hacken und dünsten. Für die Füllung Hackfleisch mit eingeweichtem, ausgedrücktem Brötchen, Ei und Spinatmischung verkneten, mit Salz, Pfeffer und Paprika kräftig abschmecken. Den Teig zu etwa 8 cm breiten Bändern hauchdünn ausrollen, Quadrate von 8 cm Kantenlänge zuschneiden, jeweils 1 El Füllung in die Mitte setzen, den Teig zuerst so darüberschlagen, daß ein Dreieck entsteht, dann die Ecken zusammennehmen und ineinander verschränken, so

daß die Tortellini gut zusammenhalten können. Tortellini in reichlich sanft wallendem Salzwasser etwa 8 Minuten gar ziehen lassen. Für die Soße Käse in Wein und Sahne auflösen, dabei die Chilischote mitziehen lassen, später wieder herausnehmen. Mit Salz, Pfeffer und Muskat abschmecken. Tortellini mit einer Schaumkelle aus dem Kochwasser heben, in tiefen Tellern anrichten und mit der Soße übergießen.

Gefüllter Schweinebauch

6 kg Schweinebauch (2 Stücke à etwa 35 cm lang)
ausgelöste Knochen
2 Knoblauchzehen
30 frische Rosmarinnadeln
3 El Salz
1 El italienische Kräutermischung
schwarzer Pfeffer
800 g Jungrinderleber im Stück (35 cm lang)
etwa 600 g Schweinefilet im Stück (35 cm lang)
200 g Zwiebeln
50 g Schweineschmalz
500 g mageres Mett
250 g Tatar
2 Eier
50 g Pistazien
1 Bund glatte Petersilie
Alufolie
Holzstäbchen
Fleischfaden

Am Vortag den Schweinebauch von restlichen Knorpeln befreien, Schwarte mit einem Messer rautenförmig einschneiden, Fleischseite mit durchgepreßtem Knoblauch einreiben. Gehackte Rosmarinnadeln, Salz, Kräutermischung und reichlich frisch gemahlenen Pfeffer vermischen, das Fleisch von beiden Seiten damit einreiben, beide Fleischseiten aufeinanderlegen und zugedeckt an einem kühlen Ort einen Tag beizen. Leber in zwei schmale Stränge teilen, etwas in Form schneiden, in Alufolie eingewickelt einfrieren. Schweinefilet wenn nötig häuten, ebenfalls in Alufolie gewickelt über Nacht einfrieren. Am nächsten Tag gewürfelte Zwiebeln in Schmalz glasig dünsten, kalt werden lassen. Mett, Tatar, Eier und Pistazien vermengen, gehackte Petersilie und Zwiebeln zufügen und gut durchkneten, möglicherweise nachwürzen. Die Hälfte des Fleischteiges auf eine Fleischseite des Schweinebauchs streichen, darauf die ausgewickelten Leberstränge und das Filet als Kern legen. Den restlichen Fleischteig darüberstreichen, das zweite Bauchstück mit der Schwarte nach oben darauflegen. Die offenen Längsseiten mit Holzstäbchen zustecken, dann mit dem Fleischfaden im Schnürschuhprinzip zubinden. Den Braten zusätzlich mit Fleischfaden wie einen Rollbraten binden. Auf die Saftpfanne des Backofens legen, die schmalen, offenen Seiten mit doppeltgefalteter Alufolie zudecken und die Folie mit Holzstäbchen feststecken.
Die Knochen um den Braten legen, im vorgeheizten Backofen bei 200 Grad auf der zweiten Einschubleiste von unten ungefähr 3 Stunden braten. Etwas ruhen lassen, dann in nicht zu dünne Scheiben schneiden. Dazu paßt lauwarmer Kartoffel-Kraut-Salat.

Gemüse mit Hackfleisch – endlose Variation

Gefüllte Paprikaschoten

(Seite 69)

125 g Langkornreis
4 gelbe Paprikaschoten
5 El Olivenöl
2 Zwiebeln
300 g Hackfleisch
50 g geräucherter Speck
¼ l Fleischbrühe
1 Becher Crème fraîche
10 Oliven
1 El Petersilie
1 Tl Knoblauchgranulat
1 Tl Estragon

Paprikaschoten der Länge nach halbieren, aushöhlen, waschen und 1 Minute blanchieren. Gehackte Zwiebeln in Öl dünsten, Hackfleisch und feingewürfelten Speck zugeben, unter Wenden kräftig anbraten, mit Brühe ablöschen und zugedeckt etwa 15 Minuten schmoren. Gekochten Reis, Crème fraîche und gehackte Oliven zugeben, mit den Gewürzen abschmecken, in die Schoten füllen und im Ofen bei 200 Grad etwa 25 Minuten überbacken.

Hackfleischwickel süß-scharf

1 kg Rotkohl
6–7 El Essig
300 g Rinderhackfleisch
4 El Mais aus der Dose
3 El Rosinen
1 El Ketchup
Salz
Cayennepfeffer
¼ Tl Kreuzkümmel
¼ Tl Edelsüßpaprikapulver
2 El Crème fraîche
1 El Öl
⅛ l Rotwein
¼ l Brühe
2 El Honig
2 Tl Zitronensaft
50 g eiskalte Butter

8 Kohlblätter in Essigwasser ablösen. Hackfleisch mit 3 El Mais, Rosinen, Ketchup, Salz, Cayennepfeffer, Kreuzkümmel, Paprika und Crème fraîche verkneten, je nach Geschmack kräftig bis scharf abschmecken. Hackfleischfüllung auf die Kohlblätter verteilen, Rouladen formen. Einen Bräter am Boden leicht einölen, die Rouladen hineinsetzen, mit Öl bepinseln und im Ofen bei 200 Grad etwa 40 Minuten garen. Nach 15 Minuten die Hälfte des Weins und der Brühe angießen, später den Rest, Rouladen ab und zu mit Flüssigkeit begießen. Honig mit einer Spur Cayennepfeffer und Zitronensaft verrühren und in den letzten 10 Minuten der Garzeit Rouladen damit bestreichen. Die Soße in einen kleinen Topf umfüllen und bei mittlerer Hitze auf die Herdplatte stellen, eiskalte Butter in Flöckchen hineingeben und dabei kräftig mit dem Schneebesen schlagen, so daß die Soße sämig wird, zuletzt mit Salz und Cayennepfeffer kräftig abschmecken und die restlichen Maiskörner einrühren. Rouladen mit der Soße separat servieren.

Gefüllter Wirsing

1 Wirsingkohl (ca. 1 kg)
Salz
250 g Schulter-Lammfleisch ohne Knochen
250 g Rumpsteak
250 g Schweineschnitzel
6 Scheiben Toastbrot
800 g Zwiebeln
2 Bund glatte Petersilie
2 Eier
Pfeffer
Worcestersoße
1½–2 l Bouillon
1 Lorbeerblatt
1 Mulltuch

Wirsing putzen. etwa 15 Minuten in Salzwasser blanchieren, abtropfen und abkühlen lassen, auf ein Mulltuch stellen. Blatt für Blatt von außen wie eine Blüte auseinanderfalten, aber die Blätter nicht vom Strunk lösen. Fleisch in Stücke schneiden, durch die mittlere Scheibe des Fleischwolfs drehen. 4 Scheiben Toast in Wasser einweichen, ausdrükken, durch den Fleischwolf drehen, mit 400 g feingewürfelten Zwiebeln und einem Bund feingehackter Petersilie zur Fleischmasse geben, alles gut miteinander vermengen, mit Salz, Pfeffer und Worcestersoße abschmecken. Die inneren Kohlblätter, die sich nicht mehr auseinanderfalten lassen, vorsichtig vom Strunk lösen, kleinschneiden und mit der Füllung mischen. Etwas von der Masse zum Kloß formen und in die Mitte des Kohlkopfes setzen. Von allen Seiten jeweils ein Kohlblatt über die Füllung legen, so daß die Füllung nicht mehr sichtbar ist. Jetzt von innen nach außen jedes Kohlblatt mit Füllung bestreichen und wieder zu einem Kohlkopf zusammensetzen, die Blätter müssen dabei fest zusammenliegen. Das Mulltuch über dem Kohlkopf zusammenbinden und das Ganze mit dem Strunk nach oben in einen Schmortopf setzen, heiße Bouillon und Lorbeerblatt zugeben. Zugedeckt auf der unteren Einschubleiste bei 200 Grad im Ofen etwa 1¼ Stunden garen. Dazu schmeckt Kartoffelbrei oder auch Reis.

Tomaten mit Grünkernfüllung

150 g Grünkern
1 Zwiebel
½ l Brühe
250 g Rinderhackfleisch
1 El Öl
Salz, Pfeffer
6 Tomaten
1 Bund Petersilie

Grünkern und gewürfelte Zwiebel in Brühe etwa 30 Minuten kochen. Hackfleisch in heißem Öl anbraten und würzen. Tomaten aushöhlen, inneres Fruchtfleisch fein würfeln. Fleischmasse mit 4 El Grünkern und gewürfeltem Tomatenfleisch mischen, in die Tomaten füllen. Restlichen Grünkern mit Brühe in eine Auflaufform geben, Tomaten hineinsetzen und bei 200 Grad grillen. Mit gehackter Petersilie bestreut servieren.

Hackfleisch in Kohlhülle

▷

550 g Weiß- oder Wirsingkohl
Salz
Butter zum Einfetten

Für die Füllung:
600 g Hackfleisch
Salz
weißer Pfeffer
Edelsüßpaprikapulver
gemahlener Kümmel
3 Sardellenfilets
2 hartgekochte Eier
1 Pck. tiefgefrorene Petersilie

Kohl in gesalzenem Wasser etwa 5 Minuten kochen, abtropfen lassen und die dicken Rippen herausschneiden. Eine verschließbare Spezial-Form mit Butter einfetten und mit Blättern auslegen, restliche Kohlblätter hacken. Hackfleisch, Salz, Pfeffer, Paprika, Kümmel, gehackte Sardellenfilets mischen und pikant abschmecken. Fleischteig, gehackte Kohlblätter, Petersilie und gehackte Eier abwechselnd einschichten, Kohlblätter darüberlegen, Form verschließen und im Wasserbad ca. 1¼ Stunden kochen lassen.

Kartoffelknödel mit Ragout

1½ Scheiben Weißbrot
10 g gemischte Trockenpilze
1 kg mehligkochende Kartoffeln
3 Eigelb
5–6 El Stärke
je 1 Bund Schnittlauch, Petersilie und Basilikum
Salz
Pfeffer
1 Zwiebel
1 Knoblauchzehe
1½ El Öl
300 g Hackfleisch
800 g geschälte Dosentomaten
1 Lorbeerblatt
3 El Rotwein
Zitronensaft
Thymian

Weißbrot würfeln und rösten. Pilze in ⅛ l Wasser einweichen. Die Hälfte der Kartoffeln kochen, heiß pellen und durchdrücken. Die übrigen Kartoffeln schälen, fein reiben, in einem Tuch auspressen, gleich zu den gekochten Kartoffeln geben, mit Eigelb und Stärke mischen. Kräuter waschen, trockentupfen, einige Basilikumblättchen beiseite legen, übrige Kräuter hacken, unter den Kartoffelteig mischen, mit Salz und Pfeffer abschmecken, 12 kleine Knödel formen, dabei in die Mitte jeweils 1 bis 2 Brotwürfel stecken. Die Knödel in kochendes Salzwasser legen, bei milder Hitze 30 Minuten garziehen lassen. Zwischenzeitlich gehackte Zwiebel und gepreßten Knoblauch in Öl dünsten, Hackfleisch zugeben und anbraten. Tomaten halbieren, mit der Flüssigkeit, Lorbeerblatt, Wein und den Pilzen samt Einweichwasser zum Hackfleisch geben, 10 Minuten einköcheln lassen, mit Zitronensaft, Salz, Pfeffer und Thymian abschmecken. Knödel mit Basilikumblättchen garnieren, mit dem Ragout servieren.

Gemischtes Gemüse mit Hackbällchen

▷

300 g Hackfleisch
150 g Zwiebeln
2 Knoblauchzehen
1 Ei
Pfeffer
Salz
1 Pck. gemischte Kräuter
750 g Blumenkohl
1 Dose Erbsen
250 g Tomaten

Für die Salatsoße:
150 g Mayonnaise
150 g Magerjoghurt
je 1 Prise Salz, Pfeffer und Zucker
1 Tl mittelscharfer Senf
1 Bund Schnittlauch

Hackfleisch mit den sehr fein gehackten Zwiebeln und Knoblauchzehen, Ei, Gewürzen und gemischten Kräutern in einer Schüssel verkneten, kleine Klößchen formen und etwa 10 Minuten rundum braten. In Röschen geteilten Blumenkohl in Salzwasser etwa 10 Minuten kochen, herausnehmen und abtropfen lassen. Bällchen, Blumenkohlröschen, Erbsen und geviertelte Tomaten in eine Schüssel geben. Alle Zutaten für die Salatsoße miteinander verrühren, über den Salat geben, gut durchziehen lassen, mit Schnittlauch bestreuen und kalt servieren.

Blumenkohl-Curry

50 g gesalzene Erdnußkerne
1 Scheibe Toastbrot
375 g Hackfleisch
1 Tl Sambal Oelek
2 Eier
5 El Sojasoße
3 El Kokosraspel
1 kg Blumenkohl
1 Zwiebel
30 g Butter
1 El Currypulver
1 El Speisestärke
300 g Sahnejoghurt
Salz
1 Tl Zucker

Nüsse fein hacken. Von dem Toast die Rinde entfernen und in etwas Wasser einweichen. Hackfleisch mit den Nüssen und dem ausgedrückten Toast, Sambal Oelek, Eiern und Sojasoße verkneten, etwa 35 kleine Bällchen formen und in der Saftpfanne im Ofen bei 250 Grad etwa 15 Minuten garen, dabei wenden. Kokosraspel in einer Pfanne ohne Fett langsam erwärmen, dabei öfter umrühren, nicht braun werden lassen. Blumenkohl waschen, in Röschen teilen und mit wenig Wasser garen. Zwischenzeitlich gewürfelte Zwiebel in Butter andünsten, Curry unterrühren, Blumenkohlwasser zugießen, angerührte Speisestärke zugeben und die Soße aufkochen lassen, dann Joghurt unterrühren und die Soße mit Salz und Zucker abschmecken. Blumenkohl und Bällchen auf einer vorgewärmten Servierplatte anrichten, Soße darübergießen und im Ofen nochmals kurz wärmen. Mit Kokosraspel bestreut servieren.

Schwarzwurzelfrikassee

▷

500 g Hackfleisch
1 Zwiebel
1 Ei
Thymian
2 El Semmelbrösel
1 Pck. Helle Soße
500 g Schwarzwurzeln aus der Dose
Salz
Pfeffer
1 Bund Dill

Hackfleisch mit geriebener Zwiebel, Ei, Semmelbrösel und den Gewürzen verkneten, kleine Klößchen formen und in ½ l erhitztem Wasser gar ziehen lassen. Schwarzwurzeln in ein Sieb geben und abtropfen lassen, Klößchenwasser mit dem Soßenpulver andicken, Schwarzwurzeln zufügen und alles zusammen einmal kurz aufkochen, mit Salz und Pfeffer abschmecken und mit gehacktem Dill bestreuen.

Wirsing-Lasagne

1 kg Wirsingkohl

Für die Fleischsoße:
100 g durchwachsener Speck
1 mittelgroße Zwiebel
1 Knoblauchzehe
1 El Butterschmalz
500 g Hackfleisch
70 g Tomatenmark
Salz
schwarzer Pfeffer
1 Bund Petersilie
60 g Langkornreis

Für die Béchamelsoße:
50 g Butterschmalz
50 g Mehl
½ l Milch
Salz
weißer Pfeffer
1 Prise Muskat
4 El Zitronensaft

Wirsing putzen, waschen, Strunk entfernen, Kohlblätter in kochendem Salzwasser 5 Minuten blanchieren, herausnehmen und in Eiswasser auskühlen, abtropfen lassen und trockentupfen, harte Blattrippen herausschneiden. Speck in feine Würfel schneiden und in heißem Fett auslassen, Zwiebel- und Knoblauchwürfel darin andünsten, Hackfleisch zerbröseln und zugeben. Sobald es Farbe angenommen hat, Tomatenmark, Gewürze und gehackte Petersilie zufügen, mit Fleischbrühe aufgießen, 15 Minuten bei kleiner Hitze köcheln lassen. Dann den Reis zugeben, weitere 15 Minuten garen. Zwischenzeitlich für die Béchamelsoße Butterschmalz erhitzen, Mehl zugeben, nach und nach Milch unterrühren, mit Salz, Pfeffer, Muskat und Zitronensaft kräftig abschmecken. Eine große Auflaufform ausfetten, den Boden mit Wirsingblättern auslegen, die Hälfte der Fleischsoße darauf verteilen, mit etwas Béchamelsoße begießen. Darauf wieder Wirsingblätter legen und weiter schichten wie zuvor, bis alle Zutaten aufgebraucht sind, die obere Lage muß Wirsing und Béchamelsoße sein. Wirsing-Lasagne im vorgeheizten Ofen bei 175 Grad 30 Minuten garen.

Gefüllte Auberginen

▷

350 g Hackfleisch
4 Auberginen
2 Zwiebeln
1 El Petersilie
1 Tl Basilikum
1 El Parmesan
1 Ei
2 Tassen Tomatensoße
Salz
Pfeffer
Butter
Olivenöl

Auberginen ungeschält der Länge nach halbieren, im Ofen etwa 8 Minuten dünsten, abkühlen lassen. Fruchtfleisch vorsichtig herausschälen, fein hacken, mit gehackten Zwiebeln, gehackter Petersilie und Basilikum mischen und in heißem Öl anbraten, danach Hackfleisch zugeben und fertig braten. Mischung abkühlen lassen, mit Ei, Parmesan und etwas Tomatensoße zu einem geschmeidigen Teig verkneten, salzen, pfeffern und die Auberginenhälften damit füllen. Diese in eine gefettete feuerfeste Form setzen, Butterflöckchen und Parmesan darüberstreuen, restliche Tomatensoße zugießen und im Ofen bei 225 Grad etwa 20 Minuten überbacken.

Gefüllter Chinakohl

1 kg Chinakohl
1 Zwiebel
300 g Tomaten
1 El Butter
6 El Tomatenfruchtfleisch
Oregano
Salz
Cayennepfeffer
½ Brötchen vom Vortag
1 Bund Schnittlauch
250 g Hackfleisch
1 Eigelb
100 ml Fleischbrühe
Worcestersoße
4 Scheiben Bauernbrot

Chinakohl halbieren, waschen, abtropfen lassen, innen aushöhlen, das Innere in Streifen schneiden. Tomaten kurz überbrühen, häuten, vierteln, Viertel entkernen und grob würfeln. Feingehackte Zwiebel in Fett anrösten, Chinakohlstreifen, Tomaten und die Hälfte des Tomatenfruchtfleiches zugeben, mit Oregano, Salz und Cayennepfeffer abschmecken, vom Herd nehmen und etwas abkühlen lassen. Hackfleisch mit eingeweichtem, ausgedrücktem Brötchen und Eigelb verkneten und zusammen mit zwei Drittel der Schnittlauchröllchen unter das Gemüse mischen, abschmekken. Mischung in die Kohlhälften füllen, aufeinandersetzen und zubinden. Zusammen mit Brühe in einen Bräter geben, zugedeckt etwa 25 Minuten schmoren, Kohl herausnehmen, restliches Tomatenfruchtfleisch und einige Spritzer Worcestersoße unter die Brühe rühren. Chinakohl in Scheiben aufschneiden, Fäden entfernen, mit Schnittlauchröllchen garnieren. Soße zum Kohl servieren.

Gefüllte Gurken

▷

300 g Hackfleisch
2 Salatgurken
Saft einer halben Zitrone
Salz
Pfeffer
2 Zwiebeln
100 g Apfel
1 Knoblauchzehe
je ½ Pck. Dill und Petersilie
½ Tl Curry
⅛ l Apfelwein
⅛ l Fleischbrühe
75 g Emmentaler
½ Becher Crème fraîche

Gurken schälen, Stielende abschneiden und der Länge nach halbieren, mit einem Löffel die Kerne herausschaben, Gurken quer teilen, Zitronensaft darüberträufeln und mit Salz und Pfeffer würzen. Zwiebeln und Apfel würfeln, Knoblauchzehe fein hacken, mit Hackfleisch vermischen, mit Salz, Pfeffer und Curry abschmecken, in die ausgehöhlten Gurken füllen und diese in eine gefettete feuerfeste Form geben, Apfelwein darübergießen und – mit Alufolie abgedeckt – im Ofen bei 200 Grad etwa 30 Minuten dünsten. Danach die Folie entfernen, grob geraspelten Käse auf die Gurken verteilen und nochmals etwa 15 Minuten überbacken. Gurken herausnehmen, Brühe in einen Topf gießen, mit Crème fraîche binden und zu den gefüllten Gurken servieren.

Paprika mit Grünkernfüllung

100 g Grünkernschrot
½ l Gemüsebrühe
2 rote Paprikaschoten
3 grüne Paprikaschoten
1 Beet Kresse
2 Zwiebeln
1 Tl Butter
200 g Hackfleisch
4 El geschälte Sonnenblumenkerne
4 El Semmelbrösel
Salz
Cayennepfeffer
Muskatnuß
1 Dose geschälte Tomaten
2–3 Zweige Petersilie

Grünkern in der Brühe ½ Stunde bei schwacher Hitze kochen. Zwischenzeitlich Paprika waschen, von 4 Schoten oben den Deckel abschneiden und putzen, die letzte Schote klein würfeln. Kresse abschneiden. Zwiebeln hacken und in einer kleinen Pfanne glasig dünsten, dann mit Grünkern, Kresse, Hackfleisch, Sonnenblumenkernen, Semmelbröseln und Paprikawürfeln mischen, mit Salz, Cayennepfeffer und Muskat kräftig würzen, in die vorbereiteten Schoten füllen, Deckel auflegen. Tomatenfruchtfleisch mit Salz, Pfeffer und gehackter Petersilie würzen, in eine feuerfeste Form gießen, gefüllte Schoten hineinsetzen und im Ofen bei 200 Grad 1 Stunde garen. Mit Petersilie garnieren.

Krautwickel

▷

400 g Hackfleisch
1 Weißkohl
1 Zwiebel
2 Eier
4 Scheiben Speck
1 Tasse Fleischbrühe
½ Becher saure Sahne
Salz
Pfeffer
Muskat

Weißkohl im kochenden Wasser brühen, danach die einzelnen Blätter freilegen. Hackfleisch, kleingehackte Zwiebel, Eier mischen, mit Salz, Pfeffer und Muskat abschmecken. Jeweils etwa 100 g Fleischmasse in 3–4 Krautblätter einwickeln, eine Speckscheibe darüberlegen, zusammenbinden und in einer Pfanne anbraten. 1 Tasse Fleischbrühe zugießen und etwa 60 Minuten gardünsten, Krautwickel herausnehmen und den Fond mit ½ Becher saurer Sahne binden, aber nicht mehr kochen, abschmecken und getrennt zu den Krautwickeln servieren.

Grüne gefüllte Paprikaschoten mit Walnußsoße

2 Zwiebeln
2 El Öl
500 g Hackfleisch
100 g Rosinen
50 g gehackte Pistazien
3–4 El dunkle Mole
(mex. Gewürzpaste)
Salz
2 Knoblauchzehen
4 grüne Paprikaschoten
½ l Fleischbrühe
100 g Walnußkerne
2 Becher Sahnejoghurt
Cayennepfeffer
1 Granatapfel
1 Topf Korianderkraut

Zwiebeln feingewürfelt in Öl glasig dünsten, Hackfleisch zugeben und bröselig anbraten, Rosinen und Pistazien zugeben, mit Mole und Salz würzen, Knoblauch dazupressen. Von den Paprikaschoten den Deckel abschneiden, Schoten aushöhlen, waschen, trockentupfen, mit der Fleischmischung füllen und Deckel aufsetzen. Schoten in kochende Brühe setzen und im geschlossenen Topf bei milder Hitze 30 Minuten garen. Zwischenzeitlich Walnußkerne sehr fein hacken, mit abgetropftem Joghurt verrühren, Salz, Cayennepfeffer und 50 ml von der Brühe dazugeben. Granatapfel entkernen. Soße auf Teller verteilen, abgetropfte Schote daraufsetzen, mit Granatapfelkernen und Korianderkraut garnieren.

Gefüllte Tomaten

▷

300 g Hackfleisch
8 große Tomaten
2 Eier
1 Brötchen
2 Scheiben Chesterkäse
1 El Petersilie
Salz
Pfeffer, 1 El Öl

Tomaten waschen, Deckel abschneiden, aushöhlen, abtropfen lassen und innen mit Salz und Pfeffer würzen. Hackfleisch mit eingeweichtem, ausgedrücktem Brötchen, Eiern und Petersilie mischen, mit Salz und Pfeffer abschmecken. Hackfleischmischung gleichmäßig in die Tomaten füllen, eine Viertelscheibe Chester und den Deckel auflegen. Tomaten in geölte Folie einschlagen und im Ofen bei 150 Grad etwa 20 Minuten dünsten.

Gemüsehackfleisch vom Blech

3 Brötchen vom Vortag
200 g Champignons
1 unbehandelte Zitrone
2 Zwiebeln
1–2 Knoblauchzehen
1–2 El Butter
300 g Karotten
2 Stangen Porree
Salz, Pfeffer
1,5 kg Hackfleisch
4 Eier
2–3 El Semmelbrösel
2 El Pastetengewürz
(Beau monde)
Öl zum Einpinseln
600 g Joghurt
5 Eigelb
6–8 El gemischte Kräuter
200 g geriebener Käse
Muskat
3 Frühlingszwiebeln
2–3 Tl Öl

Champignons gründlich putzen, in Scheiben schneiden, mit Zitronensaft beträufeln. Gehackte Zwiebeln und Knoblauch in Fett weichdünsten, Pilze zufügen, mitbraten, bis die Flüssigkeit verdampft ist. Karotten (1 bis 2 beiseitelegen) und Porree putzen, Karotten sehr fein würfeln, Porree in dünne Ringe schneiden, in kochendem Salzwasser 2 bis 3 Minuten blanchieren, abschrecken und abtropfen lassen. Hackfleisch mit eingeweichten, ausgedrückten Brötchen, Pilzmischung, Karotten, Porree und Eiern vermischen, falls nötig, Semmelbrösel zufügen, mit Salz, Pfeffer, Pastetengewürz und abgeriebener Zitronenschale kräftig abschmecken. Die tiefe Saftpfanne einölen, Hackfleischteig darauf verteilen, glattstreichen, mit Alufolie abdecken und im Ofen bei 250 Grad 40 Minuten garen. Zwischenzeitlich für die Soße Joghurt, Eigelb, gehackte Kräuter und Käse sehr gut mischen, mit Muskat abschmecken, auf dem Hackfleisch verteilen und im Ofen überbacken, bis die Oberfläche der Soße goldgelb ist. Inzwischen die restlichen Karotten schälen, fein würfeln, Frühlingszwiebeln fein schneiden. Das Gemüse in etwas Fett kurz andünsten, Hackfleisch damit bestreuen und in Portionsstücke geschnitten servieren.

Rotkohlrouladen mit Birnen

▷

1 kg Rotkohl

Für die Füllung:
300 g Hackfleisch
2 Zwiebeln
150 g Kohlreste
1 Ei
Salz
Pfeffer

Außerdem:
40 g Schweineschmalz
½ l Fleischbrühe
1 Tl Kümmel
⅛ l Rotwein
2 El Preiselbeeren
2 El Crème fraîche
100 g durchwachsener Speck
40 g Butter
2 Birnen

Äußere Kohlblätter entfernen, den Strunk herausschneiden, in reichlich kochendes Wasser legen, nach und nach 8 schöne Kohlblätter ablösen und diese mit kochendem Salz-Essig-Wasser übergießen, ziehen lassen. Zwischenzeitlich Zwiebeln fein hacken. Von dem restlichen Kohl etwa 150 g klein hacken. Alle Zutaten für die Füllung mischen, abschmecken, Füllung in jeweils zwei abgetropfte, aufeinandergelegte Kohlblätter verteilen, zusammenbinden, in heißem Schmalz anbraten, mit Brühe ablöschen und Kümmel zufügen. Bei geringer Hitze etwa 60 Minuten zugedeckt schmoren. Den Bratenfond mit Rotwein und Preiselbeeren abschmecken, etwas einkochen lassen und Crème fraîche zugeben. Speck würfeln, in heißer Butter bräunen, in Scheiben geschnittene Birnen darin dünsten. Rotkohlrouladen mit Birnenspalten, Speckwürfeln und Soße anrichten.

Hackröllchen auf Sahnekohlrabi

200 g Hackfleisch
1 Ei
½ Tl Schale einer unbehandelten Zitrone
8 Wacholderbeeren
50 g Mischbrot
Salz
Pfeffer
500 g Kohlrabi
Muskatnuß
100 g Schlagsahne
1 Tl Stärkemehl

Hackfleisch, Ei, geriebene Zitronenschale, zerdrückte Wacholderbeeren und das fein zerbröselte Mischbrot mischen, mit Salz und Pfeffer kräftig abschmecken. Aus der Masse 12 gleich große, an den Enden zugespitzte Röllchen formen und im Ofen bei 250 Grad etwa 15 Minuten grillen. Zwischenzeitlich Kohlrabi schälen, in Stifte schneiden und in wenig Wasser halbweich dünsten, mit Salz, Pfeffer und geriebenem Muskat würzig abschmecken. Sahne mit Stärke verrühren, über das Gemüse gießen und nochmals ziehen lassen, durchmischen. Zuletzt die Röllchen auflegen und zusammen fertiggaren. Zum Anrichten mit Kohlrabigrün bestreuen.

Kartoffeltopf mit Hackfleischbällchen

▷

250 g Hackfleisch
500 g neue Kartoffeln
1½ l Fleischbrühe
200 g Weißkohl
1 Brötchen
1 Ei
Salz
weißer Pfeffer
Paprika
1 Bund Petersilie
1 Bund Suppengrün
1 Zwiebel
Worcestersoße
50 g Käse

Kartoffeln würfeln, mit Brühe zum Kochen bringen, dann Suppengrün und gehobelten Weißkohl zufügen und bei kleiner Hitze 15 Minuten köcheln lassen. Zwischenzeitlich Hackfleisch, Zwiebel, eingeweichtes, ausgedrücktes Brötchen, Ei, Gewürze und Petersilie mischen und walnußgroße Bällchen formen, in den leicht köchelnden Eintopf geben und darin ziehen lassen, bis die Klößchen an der Oberfläche schwimmen. Geriebenen Käse darüberstreuen, umrühren, sodaß er verläuft.

Wirsingpäckchen in Tomatensoße

1 kleiner Wirsingkopf
Salz
4 El Öl
400 g Rinderhackfleisch
300 g Maiskörner aus der Dose
Pfeffer
1 Ei
1 Zwiebel
1 Knoblauchzehe
1 kg Tomaten
1 Tl Oregano

12 große Blätter vom Wirsingkopf ablösen, in reichlich kochendem Salzwasser 2 Minuten blanchieren, abschrekken, gut abtropfen lassen, die dicken Rippen flachschneiden. Hackfleisch in Öl scharf anbraten, abgetropften Mais untermengen, mit Salz und Pfeffer kräftig würzen, etwas abkühlen lassen, dann das Ei unterrühren. Je 2 El der Füllung in die Mitte eines Wirsingblattes geben, Blatt zu einem Säckchen formen, zusammendrücken und mit Küchengarn zubinden. Tomaten brühen, abschrecken, häuten und das Fruchtfleisch grob hacken. In einem Topf Zwiebel- und Knoblauchwürfel in 2 El Öl glasig dünsten, Tomatenstücke zufügen, unter Rühren 5 Minuten weiterdünsten, mit Salz, Pfeffer und Oregano würzen. Die Wirsingpäckchen auf die Tomatensoße setzen und zugedeckt bei mittlerer Hitze 20 Minuten schmoren lassen.

Rotkohlrouladen mit Käse-Hackfleisch-Füllung

500 g Rotkohl
150 g Tatar
1 Eiweiß
100 g körniger Frischkäse
1 mittelgroße Zwiebel
50 g Apfel
Salz
weißer Pfeffer
1 Msp. Piment
2 Nelken
2 El Margarine
¼l Fleischbrühe

Kohlkopf putzen, vom Strunk befreien, in kochendem Wasser etwa 15 Minuten halbweich kochen, herausnehmen, abtropfen, abkühlen lassen und die Blätter einzeln ablösen. Die dicken Rippen der Blätter flachschneiden. Fleisch, Eiweiß, Frischkäse, kleingewürfelte Zwiebel und grob geraffelten Apfel kräftig miteinander verkneten, mit Salz, Pfeffer und Piment abschmecken. 1 El Fleischteig zurückbehalten, mit dem restlichen Teig zweimal 4 aufeinandergelegte Kohlblätter füllen, aufrollen, mit Zahnstochern oder Rouladenklammern zusammenhalten, in jede Roulade 1 Nelke stecken. Margarine in einem Schmortopf erhitzen, den zurückbehaltenen Fleischteig darin goldbraun braten, mit Fleischbrühe löschen und zum Kochen bringen, Rouladen hineinlegen und zugedeckt bei schwacher Hitze etwa 45 Minuten schmoren lassen. Zahnstocher und Nelken vor dem Servieren entfernen.

Porreerouladen

600 g Porree
Salz
3 rote Paprikaschoten
1 grüne Paprikaschote
1 Zwiebel
150 g mittelalter Gouda
400 g Rinderhackfleisch
1 Ei
Pfeffer
Edelsüßpaprikapulver
30 g Butter
¼ l Fleischbrühe

Porree putzen, hartes Grün abschneiden, gründlich waschen, einmal längs durchschneiden, Blätter voneinander lösen und in wenig kochendem Salzwasser 2 bis 3 Minuten blanchieren. Abgießen, kalt abspülen, abtropfen lassen. Jeweils 2 bis 3 Porreeblätter aufeinanderlegen. Paprikaschoten würfeln, Zwiebeln hacken, Käse würfeln. 3 El Paprikawürfel, Hackfleisch, Ei, Zwiebel, Käse und Gewürze verkneten, auf den Porree streichen, fest aufrollen und mit Spießchen feststekken. Restliche Paprikawürfel sehr fein hacken, mit Fett und Brühe in eine feuerfeste Form geben, Rouladen hineinsetzen und abgedeckt im Ofen bei 250 Grad etwa 30 Minuten garen.

Gepfefferte bunte Hackpfanne

▷

2 Zwiebeln
1 Knoblauchzehe
4 El Öl
375 g Hackfleisch
2 grüne Paprikaschoten
1 große Dose geschälte Tomaten
1 kleine Dose Maiskörner
1 Tl Salz
1 El grüner Pfeffer
¼ Tl Chilipulver
½ Tl Majoran

Zwiebeln und die Knoblauchzehe schälen und fein würfeln. Öl in einer großen Pfanne erhitzen und beides darin glasig dünsten. Hackfleisch etwas zerpflückt dazugeben und unter ständigem Rühren gut anbraten. Paprikaschoten halbieren, Kerne und weiße Trennwände entfernen, waschen und in feine Streifen schneiden. Zum Hackfleisch geben und unterrühren. Dann die Tomaten mit dem Saft und die Maiskörner zugeben, mit den Gewürzen bestreuen, umrühren und ohne Deckel bei mittlerer Hitze und gelegentlichem Umrühren 25–30 Minuten köcheln lassen. Mit Baguette servieren.

Gefüllte Kohlrabi mit Zitronensahne

8 kleine Kohlrabi
Salz
1 Zwiebel
2 Eier
2 El Haferflocken
400 g Hackfleisch
gemahlener Kardamom
600 g Kartoffeln
Pfeffer
3 El Öl
100 g Schlagsahne
1 unbehandelte Zitrone
1 Handvoll frischer Kerbel

Kohlrabi waschen und schälen, Deckel abschneiden, Kohlrabi innen aushöhlen, in ½ l Salzwasser 5 bis 8 Minuten garen, abtropfen lassen. Hackfleisch mit gewürfelter Zwiebel, Eiern und Haferflocken verkneten, kräftig würzen, in die Kohlrabi füllen. Gemüse mit ¼ l Gemüsesud in einen Bräter geben, Kohlrabi-Deckel dazulegen und im Ofen bei 200 Grad 45 Minuten schmoren. Ab und zu mit Sud begießen. Zwischenzeitlich Pellkartoffeln kochen, schälen und längs achteln, braun braten und salzen. Sahne halbsteif schlagen, mit Salz, Pfeffer, Zitronensaft und -schale würzen, gehackten Kerbel unterrühren. Gemüse mit Zitronensahne und Kartoffeln anrichten, mit Kerbel garnieren.

Hackfleisch-Gemüsepfanne

▷

7 El Öl
600 g Hackfleisch
2 Zwiebeln
2–3 Knoblauchzehen
100 g frische Champignons
3 Zucchinis
2 Tomaten
⅛ l Brühe
½ Tl Salz
1 Tl Basilikum
1 El grüner Pfeffer

3 El Öl in einer Pfanne erhitzen und das Hackfleisch darin unter Rühren anbraten. Zwiebeln und Knoblauchzehen schälen und fein hacken. In einer weiteren großen Pfanne das restliche Öl erhitzen, Zwiebeln und Knoblauch darin andünsten. Champignons putzen und blättrig schneiden. Zucchinis waschen, trockenreiben und in dünne Scheiben schneiden. Tomaten kurz mit heißem Wasser überbrühen, häuten, entkernen und achteln. Alles zu den Zwiebeln geben und ebenfalls andünsten. Hackfleisch weiter rösten lassen. Brühe über das Gemüse gießen und 15 Minuten schmoren lassen. Das Hackfleisch anschließend untermischen. Mit Salz, Basilikum und zerdrückten grünen Pfefferkörnern würzen. Umrühren, noch etwa 10 Minuten schmoren lassen und servieren.

Gebackener Chinakohl mit Hackfleisch

2 kleine Chinakohlköpfe
2 frische Brötchen
200 g saure Sahne
2 Eier
2 Zwiebeln
500 g Rinderhackfleisch
2 El Tomatenmark
1 Tl Salz
Pfeffer
Muskat
2 El Butter

Von den Kohlköpfen welke Blätter entfernen, Strünke um jeweils 1 cm kürzen, Kohlköpfe längs halbieren, Herzblätter herauslösen und fein hacken. Brötchen in dünne Scheiben schneiden. Saure Sahne und Eier verquirlen, Brötchenscheiben zufügen und 10 Minuten einweichen. Zwischenzeitlich Hackfleisch mit gewürfelten Zwiebeln, Tomatenmark und gehackten Kohlblättern verkneten, mit den Gewürzen abschmecken. Hackteig auf die ausgehöhlten Chinakohlhälften streichen, diese jeweils auf ein Stück gefettete Alufolie legen, darin einschlagen und die Folienpakete im Ofen bei 180 Grad etwa 50 Minuten garen.

Hackfleisch mit Porree und Ananas

▷

1 große Dose Ananas in Scheiben
2 Tl Currypulver
4 Stangen Porree
100 g Butter
2 El (Soja-)Öl
500 g Hackfleisch
4 El Sojasoße
2 Tl grüner Pfeffer
Salz

Ananasscheiben auf einem Sieb abtropfen lassen, den Saft auffangen und beiseitestellen. Die Scheiben in kleine Stücke schneiden und mit dem Currypulver bestreuen. Porree waschen, die harten dunkelgrünen Blätter entfernen und in Scheiben schneiden. Butter in einem Topf erhitzen, Porree darin weichdünsten, Ananas dazugeben und kurz mitrösten. Zur Seite stellen. Öl in einer Pfanne erhitzen, das Hackfleisch zugeben und braten, bis es grau und krümelig geworden ist. Mit der Sojasoße würzen und die zerdrückten Pfefferkörner dazugeben. Den vorbereiteten Porree und die Ananasstücke unter das Hackfleisch mischen, mit Salz abschmecken und 8–10 El Ananassaft darübergießen.

Gefüllte Champignons

30 große Champignons oder Egerlinge
2 kleine Zwiebeln
2 Knoblauchzehen
500 g Hackfleisch
1 Bund Petersilie
2 Eier
1 Tl scharfer Senf
Oregano
1 Tl Thymian
Salz
Pfeffer
Edelsüßpaprikapulver
Fett für die Form
6 El Tomatenketchup
1 Tl Currypulver
125 g Schlagsahne

Pilze waschen, Stiele herausschneiden, die Lamellen mit einem Teelöffel herausschaben, Stiele und Lamellen fein hacken. Zwiebeln schälen und fein würfeln. Hackfleisch mit Zwiebelwürfeln und den Pilzen, einer gepreßten Knoblauchzehe, feingehackter Petersilie, Eiern, Senf, Oregano, Thymian, Salz, Pfeffer und Paprika gut verkneten. Die Mischung in die Pilze füllen, diese nebeneinander in eine gefettete Form setzen. Für die Soße Ketchup, Curry, zweite zerdrückte Knoblauchzehe und Sahne verrühren, über die Pilze verteilen und im Ofen bei 200 Grad 30 Minuten überbacken.

Gemüsezwiebeln mit Hack-Reis-Füllung

4 Gemüsezwiebeln
150 g Vollkornreis
200 g Rinderhackfleisch
2 Eier
25 g tiefgekühlte Kräuter
Pfeffer
3/8 l Gemüsebrühe
2 El Crème fraîche
2 El Haferflocken

Zwiebeln etwa 30 Minuten in Salzwasser garen, Reis kochen. Zwiebeln aushöhlen, das Innere hacken, mit Reis, Hackfleisch, Eiern und Kräutern verkneten, mit den Gewürzen abschmecken und in die Zwiebeln füllen. Brühe in eine Auflaufform gießen, Zwiebeln hineinsetzen und bei 200 Grad im Ofen etwa 30 Minuten garen. Crème fraîche und Haferflocken in die Soße einrühren.

Hackfleisch international

Auberginen orientalisch

(Seite 99)

125 g Langkornreis
4 gleichgroße Auberginen
Salz
200 g Hackfleisch
1 El Zwiebelwürfel
2 Knoblauchzehen
2 El Olivenöl
Salz, Pfeffer
Chayennepfeffer
Majoran
1 El Petersilie

Für die Soße:
1 El Zwiebelwürfel
1 El Butter
¼ l Fleischbrühe
2 El Tomatenmark
⅛ l süße Sahne
Salz
1 Prise Zucker
Pfeffer
Chilipulver
Majoran

Auberginen waschen, abtrocknen, der Länge nach halbieren, aushöhlen und innen leicht salzen. Ausgelöstes Auberginenfleisch hacken, mit Hackfleisch mischen. Zwiebelwürfel, zerdrückten Knoblauch und gekochten Reis in Öl dünsten, Hackfleisch, Salz, Gewürze und gehackte Petersilie zufügen, in die Auberginen füllen. Diese in eine feuerfeste Form setzen. Zwiebelwürfel in Fett dünsten, Brühe zugießen, Tomatenmark zugeben, alles aufkochen, mit Sahne verfeinern, scharf abschmecken, über die Auberginen gießen und im Backofen zugedeckt bei 200 Grad etwa 30 Minuten backen.

Gnocchi mit Kräuter-Fleischsoße

▷

Für die Gnocchi:
300 g Mehl
1 Prise Salz
1 Ei
1 Tasse Wasser
Butter
geriebenen Käse

Für die Soße:
300 g Schweinehackfleisch
2 Tomaten
1 Zwiebel
50 g mageren Speck
2 El Öl
2 El Petersilie
2 El Basilikum
2 El Salbei
Salz
Fleischbrühwürfel

Mehl mit Salz, Ei und Wasser zu einem sehr festen Teig verkneten, zugedeckt 1 Stunde ruhen lassen. Danach zu einer langen Rolle formen, Stücke abschneiden, diese zu halbfingerlangen und -dicken Gnocchi formen, langsam in kochendes Salzwasser gleiten lassen und 15 Minuten kochen. Abgießen, mit flüssiger Butter beträufeln und dick mit Käse bestreuen. Im vorgeheizten Ofen warmstellen. Für die Soße feingehackte Zwiebel und kleingeschnittenen Speck in Öl braten, Hackfleisch und kleingeschnittene Tomaten zufügen, anbraten, sehr fein geschnittene Kräuter zugeben, mit Fleischbrühe aufgießen, 1 Stunde auf kleiner Flamme brodeln lassen, abschmecken und mit den Gnocchi servieren.

Asiatische Hackbällchen

▷

500 g Rinderhackfleisch
2 eingelegte Ingwerknollen
1 Zwiebel
1 Knoblauchzehe
2 El Sojasoße
Salz
je 1 Prise Zimt und Koriander
1 kg Kokosfett

Zum Garnieren:
Karambole, Melisse

Hackfleisch mit gehacktem Ingwer, gehackter Zwiebel, gehacktem Knoblauch und Sojasoße verkneten, mit den Gewürzen abschmecken und Bällchen von etwa 3 cm Durchmesser formen. Fett im Fritiertopf erhitzen, Bällchen portionsweise bei 180 Grad in 4–5 Minuten goldbraun ausbacken, auf Küchenkrepp abtropfen lassen. Mit Karambole und Melisse garnieren.

Paprikaauflauf »Provence«

2 Zwiebeln
2 Knoblauchzehen
5 El Olivenöl
500 g Hackfleisch
100 g Langkornreis
2 rote Chilischoten
3 El Tomatenmark
1½ Tl Edelsüßpaprikapulver
¼ l Rotwein
¼ l Fleischbrühe
6 Thymianzweige
2 Rosmarinzweige
2 Lorbeerblätter
Salz
Pfeffer
je 2 gelbe, rote, grüne Paprikaschoten
200 g mittelalter Gouda
2 Eier
1 Becher Crème fraîche

Zwiebel- und Knoblauchwürfel in 1 El Öl glasig dünsten, Hackfleisch zufügen, bröselig braten. Zusätzlich 1 El Öl erhitzen, Reis einrühren und rösten, bis er glasig ist. Chilischoten putzen, entkernen, fein hacken und zusammen mit Tomatenmark und Paprikapulver untermischen, kurz anschwitzen. Wein und Brühe zugießen, aufkochen. Rosmarin und Thymian von den Stengeln zupfen, etwas zum Garnieren beiseitelegen, Rest hacken und mit Lorbeer zum Fleisch geben, mit Salz und Pfeffer würzen. Paprikaschoten halbieren, putzen, waschen, je 1 gelbe, rote und grüne Hälfte auf den Rost legen und im Ofen bei größter Hitze backen, bis die Haut schwarz wird. Zwischenzeitlich restliche Paprikaschoten in Streifen schneiden, in 2 El Öl 5 Minuten dünsten, würzen. Schoten aus dem Ofen nehmen, kurz mit einem nassen Tuch abdecken, Haut abziehen und grob zerteilen. In eine gefettete Auflaufform je zwei Lagen Paprikastreifen, geriebenen Käse (bis auf 50 g) und Hackfleischmischung einschichten. Eier und Crème fraîche verrühren, kräftig würzen, über den Auflauf gießen, übrigen Käse aufstreuen, enthäutete Paprikastücke obenauf legen, mit Öl beträufeln und im Ofen bei 200 Grad etwa 40 Minuten backen. Mit Kräutern garniert servieren.

Lammbällchen mit Rosinen

▷

100 g Kichererbsen
500 g Lammfleisch
2 Eier
1 kleine Zwiebel
75 g Rosinen
Salz
1–2 El Zitronensaft
schwarzer Pfeffer
je 1 Prise Zimt, Nelkenpulver, Muskat und gemahlenen Koriander
Semmelbrösel
Kokosfett

Kichererbsen über Nacht mit Wasser bedeckt einweichen, am nächsten Tag mit dem Einweichwasser weichkochen, abgießen. Lammfleisch zusammen mit den Kichererbsen durch den Fleischwolf drehen, mit den hartgekochten, feingehackten Eiern, gehackter Zwiebel und Rosinen vermischen, mit Salz, Zitronensaft und den übrigen Gewürzen pikant abschmecken, walnußgroße Bällchen formen, in Semmelbröseln wenden. Fett in der Friteuse auf 180 Grad erhitzen, Bällchen portionsweise knusprig braun braten, auf Küchenkrepp gut abtropfen lassen und heiß oder kalt servieren.

Cannelloni mit Paprika-Hack

1 große grüne Paprikaschote
1–2 rote Peperoni
1 Bund Petersilie
1 Brötchen vom Vortag
300 g Rinderhackfleisch
1 Gläschen Kapern
2 Eigelb, Salz
2 Tl Edelsüßpaprikapulver
schwarzer Pfeffer
2 El Butter
16 Cannelloni-Röhren
1 Zwiebel
1 Beutel Pulver für Helle Soße
50 ml Gemüsebrühe
80 g geriebener Parmesan

Paprikaschote und Peperoni halbieren, putzen, Schote waschen, in kurze feine Streifen schneiden, Peperoni und Petersilie fein hacken. Hackfleisch mit eingeweichtem, ausgedrücktem Brötchen, abgetropften Kapern, Eigelb, Paprikaschote, Peperoni und Petersilie mischen, mit wenig Salz, 1 Tl Paprikapulver und Pfeffer gut würzen. Die ungekochten Cannelloni-Röhrchen mit Hackfleischmischung füllen und nebeneinander in eine gefettete Auflaufform legen. Zwiebel fein würfeln, im restlichen Fett glasig dünsten, Soßenpulver dazugeben und nach Packungsvorschrift mit ¼ l Wasser zubereiten, zusätzlich 50 ml Brühe, etwas Paprikapulver und Parmesankäse einrühren. Die Soße gut aufschlagen, über die Nudelrollen gießen und im Ofen bei 175 Grad 40 Minuten backen. Vor dem Servieren mit übrigem Paprikapulver bestreuen.

Chili con Carne

▷

500 g Hackfleisch
2 Zwiebeln
1 große Dose geschälte Tomaten
1 große Dose rote Bohnen
1 El Öl
Salz
Pfeffer
Chilipulver
Tabasco
Chili-con-Carne-Gewürz

Zum Garnieren:
500 g Tomaten
1 große Zwiebel

Zwiebeln schälen und fein hacken, in Öl glasig werden lassen, Hackfleisch zufügen und anbraten. Wenn das Fleisch schön braun ist, geschälte Tomaten und rote Bohnen zugeben, mit den Gewürzen abschmecken, vorsichtig umrühren und etwa 10 Minuten kochen lassen.
In eine Schüssel umfüllen, mit in Scheiben geschnittenen Tomaten und grob gehackter Zwiebel garnieren.
Dazu reichen Sie Stangenweißbrot.

Grünkohl-Moussaka

300 g Grünkohlblätter
Salz
2 mittelgroße Zwiebeln
1 El Olivenöl
400 g Hackfleisch
1 El Tomatenmark
Pfeffer
Edelsüßpaprikapulver
Muskat
Oregano
2 El Butter
2 El Mehl
¼ l Milch
¼ l Fleischbrühe
2 Eigelb
300 g Kartoffeln
50 g geriebener Käse
Fett für die Form

Grünkohlblätter von den dickeren Strünken lösen, waschen, gut abtropfen lassen, 3 Minuten in kochendem Salzwasser blanchieren, abschrecken. Gehackte Zwiebeln in Öl glasig dünsten, Hackfleisch zufügen, kräftig anbraten, mit Tomatenmark, Salz, Pfeffer, Paprika, Muskat und Oregano würzig abschmecken, 10 Minuten dünsten. Zwischenzeitlich Fett in einem Topf zerlassen, Mehl darin hell anschwitzen, mit Milch und Brühe angießen, kräftig durchkochen, mit Salz und Pfeffer würzen, Eigelb unterziehen, nicht mehr kochen lassen. Kartoffeln schälen, in dünne Scheiben schneiden und in einer gefetteten Auflaufform verteilen, dann abwechselnd Hackfleisch, Soße und Grünkohl einschichten, bis alle Zutaten verbraucht sind, die letzte Schicht soll Grünkohl sein. Käse in die restliche Soße einrühren, den Auflauf damit übergießen und im Ofen bei 200 Grad 30 Minuten backen.

Käse-Lasagne

▷

750 g Hackfleisch
250 g Lasagnenudeln
1 Zwiebel
60 g Butter
60 g Mehl
125 g Sahneschmelzkäse
400 g Gouda in Scheiben
2 Knoblauchzehen
2 El Weißwein
Salz
Pfeffer
Majoran
Paprikapulver
1 Prise Zucker
geriebener Muskat
¼ l Wasser
¼ l Milch

Lasagnenudeln in kochendem Salzwasser mit Öl 10 Minuten garen, auf einen Durchschlag geben, abbrausen, nebeneinander auf ein Küchentuch legen und antrocknen lassen.
Zwiebel schälen und fein hacken. Hackfleisch mit gehackter Zwiebel in Butter bröselig braten, mit gepreßtem Knoblauch und Gewürzen abschmecken.
Aus Butter und Mehl eine Schwitze herstellen, mit Wasser und Milch ablöschen, Schmelzkäse zugeben und unter Rühren schmelzen lassen, mit 1 Prise Zucker, Salz, Pfeffer, Muskat und Wein abschmecken.
Eine Auflaufform gut ausfetten, Lasagnenudeln, Hackfleisch, Soße und Käsescheiben abwechselnd übereinanderschichten, die vorletzte Schicht muß aus Soße, die letzte aus Käse bestehen, mit Alufolie abdecken und im vorgeheizten Ofen bei 200 Grad 20 Minuten backen, Folie entfernen und weitere 5 Minuten überbacken.
Dazu paßt ein gemischter Blattsalat.

Tacos mit Hackfleisch und Käse

300 g Rinderhackfleisch
1 Zwiebel
3 El Öl
Salz
Pfeffer
3 Zweige Thymian
1 getrocknete Chilischote
2 große rote Paprikaschoten
200 g Gouda
425 g Mais
1 kleiner Eisbergsalat
12 Tacos
⅛ l Taco-Soße

Zwiebel schälen und in Ringe schneiden, Öl in einer Pfanne erhitzen und die Zwiebelringe darin andünsten, herausnehmen. Im gleichen Öl Hackfleisch bröselig braten, mit Salz, Pfeffer, Thymian, entkernter Chilischote würzen und gewürfelte Paprika, ⅔ des in Stifte geschnittenen Käse, Zwiebel und Mais untermischen. Mit den Blättern des Eisbergsalats in die Tacos füllen, übrigen Käse darüberstreuen und Taco-Soße darauf verteilen.

Salz
Pfeffer

Lasagne al Forno

▷

500 g Hackfleisch
250 g Nudelteigplatten
500 g Tomaten
300 g frische Champignons
75 g geriebenen Emmentaler
50 g Räucherspeck
3 Zwiebeln
1 Tl Thymian
1 Tl Basilikum
1 El Butter
⅛ l Weißwein
⅛ l süße Sahne
1 Bund Petersilie
Salz
Pfeffer

Teigplatten in kochendem Salzwasser mit Öl 7 Minuten garen, auf einen Durchschlag geben, abschrecken, nebeneinander auf ein Küchentuch geben und antrocknen lassen. Speckwürfel ausbraten, ⅔ der gewürfelten Zwiebeln darin dünsten, Hackfleisch zugeben, knusprig braun braten, mit den Gewürzen abschmecken. Tomaten kurz überbrühen, Haut abziehen, halbieren und entkernen. Tomaten und Wein zum Fleisch geben, 5 Minuten schmoren lassen. Restliche Zwiebeln in Butter dünsten, Champignonscheiben zugeben, 3 Minuten weiterdünsten, Sahne und gehackte Petersilie zufügen, salzen, pfeffern, 3 Minuten kochen lassen. Eine feuerfeste Form ausfetten, mit Teigplatten auslegen, Hackfleischmasse daraufgeben, mit der Hälfte des Käses bestreuen, restliche Teigplatten auflegen, Champignonmasse darüber verteilen, mit übrigem Käse bestreuen und im vorgeheizten Ofen bei 200 Grad 35 Minuten überbacken.

Türkische Frikadellen mit Gurkensalat

400 g Rinderhackfleisch
2 Eigelb
Salz
Cayennepfeffer
Majoran
1 Knoblauchzehe
4 El Joghurt
100 g Schafskäse

Für den Salat:
½ Salatgurke
2 Tomaten
1 Zwiebel
2 El Öl
Pfeffer
2 El Essig

Hackfleisch, Eigelb, Gewürze, zerdrückten Knoblauch und Joghurt mischen, gewürfelten Schafskäse unterheben, aus dem Fleischteig 16 Frikadellen formen und in einer Pfanne braun braten. Gurke und Tomate grob würfeln, Zwiebel in feine Ringe schneiden, mit Öl, Salz, Pfeffer und Essig anmachen, zu den Frikadellen servieren.

Peperonata

▷

300 g Schweinehackfleisch
500 g Tomaten
3 Paprikaschoten
1 Zwiebel
2 scharfe Peperoni
Salz, Pfeffer
Öl
150 g Reis

Feingehackte Zwiebel in Öl glasig werden lassen, in Scheiben geschnittene Paprikaschoten, geschälte, zerkleinerte Tomaten und feingehackte Peperoni zugeben, 10 Minuten dünsten lassen. Fleisch in einem anderen Topf mit wenig Öl nur so lange rösten, bis es grau wird. Reis halbgar kochen, abseihen, mit Fleisch und Gemüse mischen, salzen, pfeffern und kochen, bis der Reis gar und die Flüssigkeit aufgesogen ist. Nach Geschmack würzen.

Gemüsetorte »Provence«

4 große Kartoffeln
Salz
1 große Zwiebel
2 Knoblauchzehen
2 El Öl
400 g Hackfleisch
Edelsüßpaprikapulver
1 Bund Frühlingszwiebeln
ca. 250 g Karotten
400 g Dosentomaten
3 Platten TK-Blätterteig
4 Eier
150 g saure Sahne
weißer Pfeffer
Majoran
1 Tl Kräuter der Provence
1 Bund Basilikum

Kartoffeln waschen, in Salzwasser 20 Minuten kochen. Zwischenzeitlich kleingehackte Zwiebel und Hackfleisch in einer großen Pfanne in Öl kräftig anbraten, mit Paprika würzen, Knoblauch dazupressen, braten, bis das Fleisch bröselig ist, vom Herd nehmen. Kartoffeln abgießen, schälen und noch heiß durch die Presse drücken. Frühlingszwiebeln und Karotten waschen und putzen. Frühlingszwiebeln in schräge, 2 cm lange Stücke, Karotten in Scheiben schneiden. Frühlingszwiebeln 3 Minuten, Karotten 5 Minuten in reichlich kochendem Salzwasser blanchieren, eiskalt abschrekken, abtropfen lassen. Den Boden einer gefetteten Springform mit den Kartoffeln auskleiden, würzen, Hackfleisch darauf verteilen. Abgetropfte, grob gehackte Tomaten, Frühlingszwiebeln und Karotten auf das Fleisch schichten, jede Gemüseschicht kräftig würzen. Blätterteig auftauen lassen. 3 Eier mit saurer Sahne verrühren, mit Salz, Pfeffer, Paprikapulver, Majoran und den Kräutern kräftig würzen. Basilikum abzupfen, feinstreifig schneiden, unter die Eiersahne rühren und diese über das Gemüse gießen. Blätterteig übereinanderlegen, auf bemehlter Arbeitsfläche in Größe der Springform ausrollen, über das Gemüse decken, in der Mitte ein Loch ausstechen. Teigreste erneut ausrollen, Blättchen formen, die Oberfläche damit verzieren, das Ganze mit verquirltem Eigelb bestreichen und im Ofen bei 200 Grad 40 Minuten backen. Heiß servieren.

Cannelloni mit Kräuter-Hack

▷

500 g Schweinehackfleisch
1 El Öl
3 Zwiebeln
2 Knoblauchzehen
1 Dose Tomatenmark
1 Bund Petersilie
1 Tl Oregano
1 Tl Thymian
Salz
Pfeffer
⅛ l Rotwein
10 Cannelloni-Röllchen

Für die Soße:
1 Dose Tomaten
⅛ l süße Sahne
Salz
Pfeffer
Oregano
120 g geriebener Parmesan

Gewürfelte Zwiebeln in Öl glasig dünsten, Hackfleisch zugeben, kräftig anbraten, gepreßten Knoblauch, Tomatenmark, Gewürze untermischen, 20 Minuten schmoren lassen und mit Rotwein abschmecken. Cannelloni in kochendem Salzwasser mit Öl 5 Minuten vorgaren, abgießen, abkühlen lassen. Eine feuerfeste Auflaufform ausfetten, Cannelloni mit Hackfleischmischung füllen und in die Form legen. Für die Soße Tomaten mit Saft im Mixer pürieren, süße Sahne unterrühren, mit Salz, Pfeffer und Oregano würzen, über die Cannelloni gießen, reichlich mit Käse überstreuen und auf mittlerer Einschubleiste im Ofen bei 200 Grad etwa 40 Minuten backen.

Tacos scharf *(2 Portionen)*

100 g weiße Zwiebel
1–2 rote Chilischoten
1–2 grüne Chilischoten
2 Knoblauchzehen
3 El Öl
400 g Tatar
6–8 El Fleischbrühe
Salz
Pfeffer
2 Tacoschalen

Chilischoten längs halbieren, entkernen, waschen, in Würfel schneiden. Zwiebel in Ringe schneiden, Knoblauch würfeln. Zwiebeln, Chili und Knoblauch in heißem Öl glasig dünsten, Hackfleisch darin bröselig anbraten, Brühe zugeben und das Ganze zugedeckt etwa 10 Minuten garen, mit Salz und Pfeffer würzen, in die aufgebackenen Tacoschalen füllen.

Nudeln chinesisch

300 g schmale Bandnudeln
5 El Sojaöl
400 g Schweinehackfleisch
2 El Sake oder trockenen Sherry
1 mittelgroße Zwiebel
2 El Sojasoße
1 Prise Zucker
4 El Fleischbrühe

Nudeln in 2½ l kochendem Salzwasser mit 1 El Öl garen, abgießen, in eine Schüssel geben, mit 2 El Öl vermengen. Hackfleisch im restlichen Öl in einer großen Pfanne gleichmäßig anbraten, mit einer Gabel flachdrücken. Sake oder Sherry darüberträufeln, erhitzen, bis die Flüssigkeit verdampft ist. Zwiebel schälen, fein würfeln und zufügen, Sojasoße und Zucker zugeben, gut vermengen. Brühe zugießen und so lange weitererhitzen, bis die ganze Flüssigkeit verdampft ist. Nudeln mit der Fleischmasse vermengen, sofort servieren.

Keftedes mit Zitronensoße

Für die Frikadellen:
1 Brötchen vom Vortag
1 Zwiebel
2 Knoblauchzehen
1 Bund Petersilie
1 Zweig Pfefferminze
1 El Zitronensaft
1 Ei
500 g Lammhackfleisch
Salz, Pfeffer
80 g Schafskäse
3 El Olivenöl

Für die Eier-Zitronen-Soße:
2 El Butter
2 El Mehl
⅜ l warme Kalbfleischbouillon
2 Eigelb
Salz
Pfeffer
4 El Zitronensaft

Brötchen in etwas Wasser einweichen. Zwiebel schälen und reiben, Knoblauch schälen, kleinschneiden, mit etwas Salz bestreuen und zerdrücken. Einige Petersilienblättchen zum Garnieren zurückbehalten, die anderen zusammen mit der Pfefferminze waschen, trockentupfen, sehr fein hacken und mit Zitronensaft, Ei, ausgedrücktem Brötchen, Zwiebeln und Knoblauch unter das Hackfleisch kneten. Die Masse mit Salz und Pfeffer würzig abschmecken. Schafskäse zerbröckeln. Aus dem Fleischteig mit nassen Händen 8 Klößchen formen, in die Mitte etwas Schafskäse drücken und die Klöße flachdrücken, vorsichtig in Mehl wenden. Olivenöl in einer großen Pfanne erhitzen und die Keftedes von beiden Seiten knusprig braun braten. Für die Soße die Butter erhitzen, Mehl hineinstäuben und hellgelb anschwitzen, nach und nach mit der Bouillon aufgießen. Die Soße 10 Minuten köcheln lassen. Eigelb mit dem Zitronensaft verquirlen. Soße vom Herd nehmen und unter Schlagen mit dem Schneebesen die Eigelbmischung untermengen. Eier-Zitronen-Soße mit Salz und Pfeffer abschmecken und zu den Keftedes separat servieren. Mit den restlichen Petersilienblättchen garnieren.

Ćevapčići

▷

500 g Hackfleisch
1 Zwiebel
2 Knoblauchzehen
1 El gehackte Petersilie
1 Tl gehackte Minze
1 Tl Salz
¼ Tl Pfeffer
1 gestr. Tl Paprikapulver
1 Ei
Olivenöl

Zwiebel und Knoblauch schälen, beides sehr fein hacken. Hackfleisch in eine Schüssel geben, Zwiebel- und Knoblauchwürfel sowie die übrigen Zutaten dazugeben und alles gut vermischen. Abschmekken. Mit nassen Händen aus dem Fleischteig 5–6 cm lange und 2 cm dicke Röllchen formen, ringsum mit Öl bepinseln und dann auf einen leicht geölten Grill oder eine Grillpfanne legen. Beides sollte gut erhitzt sein. Ćevapčići in 8–10 Minuten ringsrum knusprig braun braten. Mit reichlich Zwiebelwürfeln garniert servieren. Dazu passen gegrillte Tomatenhälften.

Tostadas aus Mexiko

150 g schwarze Bohnen
7 Zwiebeln
4 Knoblauchzehen
4 El Olivenöl
Salz
1 El Essig
Cayennepfeffer
300 g Rinderhackfleisch
4 Fleischtomaten
50 g frische rote Chilischoten
1 grüne Paprikaschote
1 Bund Petersilie
1 Tl Zucker
1 Msp. gemahlener Koriander
8 Tostadas (fritierte Maistortillas)
1 Becher saure Sahne
4 Zweige Basilikum

Bohnen über Nacht mit Wasser bedeckt einweichen. Zwiebeln und Knoblauch schälen, 2 Zwiebeln und 3 Knoblauchzehen grob zerschneiden, mit den abgetropften Bohnen in 2 El Öl andünsten, Essig und ½ l Wasser angießen. Bohnen in 1 Stunde garen, abgießen und im Mixer pürieren, salzen, 3 Zwiebeln sehr fein würfeln, in 2 El Öl anbraten, das Hackfleisch zufügen und 10 Minuten braten, mit Salz und Cayennepfeffer würzig abschmecken. 2 Tomaten, übrige Zwiebeln und Knoblauch grob zerhacken. Die Chili- und Paprikaschoten halbieren, sorgfältig putzen und würfeln. Das Gemüse mit Petersilie im Mixer pürieren. Die Chilisoße mit Salz, Cayennepfeffer, Zucker und Koriander abschmecken. Auf die Tostadas Bohnenpüree streichen. Hackfleisch, Chilisoße, Tomatenscheiben, saure Sahne und Basilikum darübergeben.

Bulgarische Frikadellen mit dreierlei Soßen

▷

500 g Lammfleisch
50 g Grahambrot
1 Zwiebel
1 Knoblauchzehe
1 Ei
½ Tl brauner Zucker
1 El Petersilie
Salz
Pfeffer
2 El Öl

Lammfleisch durch den Fleischwolf drehen. Grahambrot in etwas Wasser einweichen und mit einer Gabel zerdrücken. Zwiebel und Knoblauchzehe schälen, fein hacken und mit Hackfleisch, Brot, Ei und Gewürzen zu einer weichen Masse verarbeiten. Feingehackte Petersilie dazugeben und nochmal gut durchkneten. Mit nassen Händen flache Frikadellen formen, kurz in den Kühlschrank legen, mit Öl bestreichen und auf dem Grillrost im vorgeheizten Grill von jeder Seite 6–8 Minuten grillen.

Kiopoolu:
1 Aubergine
1 Paprikaschote
2 Tomaten
1 Knoblauchzehe
Salz
Cayennepfeffer
etwas Zitronensaft
¼ l Öl

Gemüse putzen, im Ofen grillen und zusammen mit geschälter Knoblauchzehe pürieren. Mit Cayennepfeffer und Salz würzen. Unter ständigem Rühren etwas Zitronensaft und dann soviel Öl dazugeben, bis eine cremige Soße entsteht, die gekühlt zu den Frikadellen serviert wird.

Sirene-Käsesoße:
100 g Sirene-Käse oder anderen Schafskäse
2 El saure Sahne
1 Zwiebel
1 Knoblauchzehe
Salz
Pfeffer

Den weißen krümeligen Käse mit der sauren Sahne cremig rühren, Zwiebel und Knoblauch schälen, pürieren und dazugeben. Mit Salz und Pfeffer abschmecken. Die Soße wird gekühlt zu den Frikadellen serviert.

Knoblauchsoße:
6 Knoblauchzehen
1 Tl Salz
2 Scheiben Toastbrot
1 Tasse Milch
1 El gemahlene Mandeln
¼ l Olivenöl

Knoblauchzehen schälen und mit dem Salz in einem Mörser fein zerstoßen. Toastbrot kurz in Milch legen, ausdrücken und mit dem Knoblauch fein pürieren. Mandeln zufügen. Olivenöl unter ständigem Rühren einfließen lassen, bis die Soße die richtige Konsistenz hat. Gekühlt separat zu den Frikadellen servieren.

Istanbuler Fleischpastete

▷

Für den Teig:
400 g Mehl
200 g Butter
3 El Öl
Salz
2 Eigelb
1/8 l Wasser

Für die Füllung:
80 g Butter
4 Zwiebeln
500 g Rinderhackfleisch
2 Eier
1 rote Paprikaschote
1 grüne Paprikaschote
Salz
Pfeffer
1 Eigelb

Mehl auf ein Brett sieben und mit Butter, Öl, Salz, Eigelb und Wasser zu einem Teig verkneten, eine Kugel formen, in Alufolie hüllen und 3–4 Stunden kühlstellen. Butter erhitzen, die kleingehackten Zwiebeln darin goldbraun rösten, die in Würfel geschnittenen Paprikaschoten beigeben und unter ständigem Rühren dünsten. Hackfleisch und Eier dazugeben. Würzen und erkalten lassen. 2/3 des Teiges ausrollen und eine längliche Pastetenform (Kastenform) damit auskleiden, wobei der Teig ca. 2 cm über den Rand hängen soll. Die vorbereitete Fleischmasse einfüllen und mit einem Teigblatt aus dem Rest des Teiges abdecken. Die Teigränder gut zusammendrücken, den Teig mit in etwas Wasser verquirltem Eigelb bestreichen und die Pastete im vorgeheizten Backrohr bei mittlerer Hitze etwa 1 Stunde backen.

Lombardische Fleischklößchen

1 Brötchen vom Vortag
1 Zwiebel, 1 Ei
500 g Hackfleisch
Kräuter der Provence
Knoblauchsalz
1 El Mandelstifte
3 El Öl, 2 El Sahne
125 g Champignons
4 El Rotwein
5 El Tomatenmark
1/8 l Rotwein
Salz, Pfeffer
Basilikum

Brötchen in etwas Wasser einweichen. Ausgedrücktes Brötchen mit der feingehackten Zwiebel, dem Ei und dem Hackfleisch zu einem glatten Teig verkneten. Mit den Kräutern und dem Knoblauchsalz würzen und die Mandelstifte untermischen. Aus dem Teig Klößchen mit ca. 3 cm Durchmesser formen und im heißen Fett rundherum anbraten. Champignons putzen, fein hacken, zugeben und kurz mitbraten. 4 El Rotwein und Tomatenmark verrühren, darübergeben und einmal aufkochen. Mit dem übrigen Rotwein aufgießen, pikant würzen und auf milder Hitze 10 Minuten kochen. Sahne einrühren und servieren.

Lasagne »Grana Padano«

Für die Hackfleischsoße:
500 g Rinderhackfleisch
1 Zwiebel
2 Knoblauchzehen
2 Karotten
3 El Olivenöl
420 g Dosentomaten
1 Lorbeerblatt
2 Thymianzweige
1 Tl Oregano
1 El Tomatenmark
1 Glas Rotwein
Salz
Pfeffer

Für die Béchamelsoße:
2 El Butter
1 El Mehl
1 kleine Zwiebel
1 Lorbeerblatt
1 Bund Petersilie
1 Tl Pfefferkörner
etwas Schale einer unbehandelten Zitrone
½ l Milch
Salz
Zitronensaft
Pfeffer
Muskat
Olivenöl für die Form und zum Beträufeln
500 g Lasagneblätter
Salz
ca. 250 g geriebenen Grana Padano

Für die Hackfleischsoße gehackte Zwiebel, durchgepreßten Knoblauch und sehr klein gewürfelte Karotten in Öl andünsten, Hackfleisch zugeben, bröselig anbraten, Tomaten samt Saft, Tomatenmark und Wein zufügen und mit den Gewürzen abschmecken. Ohne Deckel unter gelegentlichem Rühren gut 1 Stunde köcheln lassen, bis eine dicke, konzentrierte Soße entstanden ist, zuletzt gehackte Petersilie zugeben. Für die Béchamelsoße Mehl in heißer Butter goldbraun dünsten, gehackte Zwiebel, Lorbeerblatt, Petersilienstiele, Pfefferkörner und Zitronenschale zufügen, mit Milch ablöschen und ebenfalls etwa ¾ Stunde köcheln lassen. Soße durch ein Sieb passieren, mit Salz, Pfeffer, Zitronensaft und etwas Muskat abschmecken. Eine flache Auflaufform mit Olivenöl auspinseln, 2 El Hackfleischsoße auf dem Boden verstreichen, einen Klecks Béchamelsoße darübertropfen, mit etwas geriebenem Käse bestreuen, darüber eine Lage halb gar gekochter Lasagneblätter verteilen. Wieder Hackfleischsoße, Béchamelsoße, und Käse einschichten und so verfahren, bis alle Zutaten verbraucht sind, die letzte Schicht soll Käse sein. Lasagne im vorgeheizten Ofen bei 200 Grad etwa 30 Minuten backen, bis die Oberfläche goldbraun ist und brodelt.

Hackbraten - Scheibe um Scheibe ein Genuß

Hackbraten mit Gemüse

(Seite 125)

125 g Karotten
125 g Lauch
125 g Champignons
1 Brötchen vom Vortag
50 g Butterschmalz
Salz
schwarzer Pfeffer
600 g Hackfleisch
2 Eier
gemahlener Kümmel
gerebelter Majoran
1 Knoblauchzehe
4 El Semmelbrösel

Karotten, Lauch und Champignons putzen, waschen, jeweils in kleine Würfel oder Stifte schneiden. Zunächst Karotten und Lauch in 30 g Butterschmalz andünsten, Pilze ebenfalls dazugeben und anbraten, mit Salz und Pfeffer würzen, beiseitestellen. Hackfleisch mit eingeweichtem, ausgedrücktem Brötchen, Eiern, Salz, Pfeffer, Kümmel, Majoran und gepreßtem Knoblauch mischen und zu einer geschmeidigen Masse verarbeiten. Ein rechteckiges Stück Backpapier mit den Semmelbröseln bestreuen, Fleischteig darauf zu einer 30 x 40 cm großen Platte auswellen, abgekühltes Gemüse darauf verteilen und die Platte mit Hilfe des Papiers zu einer Rolle formen. Restliches Butterschmalz in einem Bräter schmelzen, Fleischrolle hineingeben und im Ofen bei 200 Grad etwa 45 Minuten backen, dann noch 10 Minuten mit Oberhitze oder Grill bräunen. Mehrmals mit Bratfett bepinseln.

Hackfleisch-Serviettenkloß

▷

600 g Rinderhackfleisch
1 Brötchen vom Vortag
Salz
weißer Pfeffer
1 Eigelb
3 El Kondensmilch

Für die Füllung:
220 g Dosenchampignons
2 kleine Eier
1 kleine Zwiebel
½ rote Paprikaschote
1 El Butter

Hackfleisch, eingeweichtes, ausgedrücktes Brötchen, Eigelb, Kondensmilch, Salz und Pfeffer mischen und gut durchkneten. Die Masse muß sehr fein sein. Für die Füllung Champignons grob hacken, hartgekochte Eier und Paprikaschote würfeln. Champignons und Zwiebel in Butter andünsten, abkühlen lassen, mit Paprikawürfeln und Eiern mischen. Hackfleisch in eine Schüssel geben, leicht damit auslegen, Füllung hineingeben, Fleischmasse darüber verteilen, so daß sie wie ein Ball um die Füllung reicht. Fleischkloß in eine Serviette geben, Stoffenden zusammennehmen, mit einem Faden umwickeln, in kochendes Salzwasser hängen und etwa 55 Minuten garen, aus dem Wasser nehmen, leicht abtropfen lassen, Faden lösen und den Kloß in Achtel schneiden.

Hackbraten mit grünem Pfeffer

▷

600 g Hackfleisch
250 g geräucherter Speck
1 Brötchen vom Vortag
1 Zwiebel
2 Eier
1 Dose grüner Pfeffer
je 1 El gerebelter Majoran, Thymian, Salz, weißer Pfeffer
⅛ l Fleischbrühe
1 Tl Mehl

Für die Füllung:
250 g Karotten
1 Bund Petersilie
Butter zum Einfetten

Hackfleisch, Zwiebelwürfel, eingeweichtes, ausgedrücktes Brötchen, gewürfelten Speck und Eier mischen, Gewürze zufügen, gut durchkneten, grünen Pfeffer abspülen, die Hälfte mit einer Gabel zerdrücken und zum Fleischteig geben. Für die Füllung gekochte Karotten würfeln, Petersilie fein hacken. Eine Königskuchenform (23 cm Durchmesser) mit Butter ausstreichen, Hälfte des Fleischteigs einfüllen, glattstreichen, Karotten und Petersilie darüber verteilen, übrigen Fleischteig zugeben, ebenfalls glattstreichen; in der Mitte eine Rille markieren, übrige Pfefferkörner hineingeben, im Ofen auf der untersten Schiene bei 180 Grad 60 Minuten garen. Für die Soße die sich seitlich in der Form gebildete Flüssigkeit abschöpfen, Fleischbrühe zugießen, aufkochen, mit in wenig Wasser angerührtem Mehl binden und abschmecken.

Hackfleischterrine

3 lange dünne Karotten
2 dünne Porreestangen
2 mittelgroße Zwiebeln
1 Bund Petersilie
3 El Öl
1 Brötchen vom Vortag
500 g Rinderhackfleisch
2 Eier
Salz
1 Tl gerebelter Thymian
1 Msp. gemahlener Salbei
Cayennepfeffer
250 g Spiralen-Nudeln
3 El Essig
1 Tl Senf
schwarzer Pfeffer
1 Pck. gemischte Kräuter
Fett für die Form

Karotten schälen, Porree putzen und waschen, im Ganzen in wenig Wasser bißfest garen, eiskalt abschrecken. Feingehackte Zwiebel und kleingeschnittene Petersilie in 1 El Öl andünsten. Hackfleisch mit eingeweichtem, ausgedrücktem Brötchen, Zwiebelmischung, Eiern, Salz, Thymian, Salbei und Cayennepfeffer gründlich verkneten. Ein Drittel des Fleischteiges in eine gefettete Kastenform von 22 cm Länge einfüllen, Karotten und Porree in Lagen mit etwas Hackfleisch einschichten, mit restlichem Hackfleisch abdecken und im Ofen bei 200 Grad 1 Stunde backen. Nudeln in Salzwasser bißfest kochen, kalt abschrecken. Aus Essig, restlichem Öl, Salz, Senf, Pfeffer und Kräutern eine Marinade rühren, die Nudeln damit anmachen und zusammen mit Terrinescheiben servieren.

Hackbraten mit Aprikosen

▷

500 g Hackfleisch
200 g getrocknete Aprikosen
75 g durchwachsener Speck
50 g Butter
1 Brötchen vom Vortag
1 Ei
2 Zwiebeln
1 Pck. gemischte Kräuter
Salz
Pfeffer
¼ l Aprikosenwasser
¼ l Fleischbrühe
4 El Crème fraîche
evtl. etwas Zucker

Die getrockneten Aprikosen einweichen, abtropfen lassen, in feine Streifen schneiden. Speck würfeln, in Butter auslassen und anbraten. Hackfleisch etwas verbröseln und mit 125 g Aprikosen, Speck, eingeweichtem, ausgedrücktem Brötchen, Ei, gehackten Zwiebeln, Kräutern und Gewürzen mischen, einen Hackbraten formen, in einen gefetteten Bräter legen und im vorgeheizten Ofen bei 200 Grad etwa 50 Minuten braten, zwischendurch mit heißem Aprikosenwasser begießen. Den Rest der Aprikosen mitschmurgeln lassen. Fertigen Hackbraten aus der Form heben. Bratensaft zusammen mit den restlichen Aprikosen durch ein Sieb passieren, mit Fleischbrühe auf ⅜ Liter Flüssigkeit auffüllen, mit Crème fraîche, Salz, Pfeffer und eventuell etwas Zucker abschmecken.

Kartoffel-Hackfleisch-Roulade

1 Pkt. Krokettenteig
(für ¼ l Flüssigkeit)
2 Eier
500 g Hackfleisch
1 El Semmelbrösel
2 El Zwiebelwürfel
1 Knoblauchzehe
Salz
1 Tl Oregano
2 El Petersilie
schwarzer Pfeffer
2 El Butter

Für die Soße:
500 g Dosentomaten
Salz
Pfeffer
1 Prise Zucker
1 El eingelegte grüne Pfefferkörner
250 g kleine Tomaten

Krokettenteig mit 200 ml Wasser und einem Ei anrühren. Hackfleisch mit Semmelbröseln, Ei, sehr fein gehackten Zwiebeln, zerdrücktem Knoblauch, Salz, Pfeffer und Kräutern gut verkneten. Pergamentpapier bemehlen, Kartoffelteig darauf etwa ½ cm dünn ausrollen, Hackfleisch darauf verteilen, aufrollen, in eine Alufolie wickeln und im vorgeheizten Ofen bei 200 Grad 30 Minuten backen. Für die Soße passierte Dosentomaten etwas einkochen, würzen, Tomaten grob gewürfelt in der Soße erhitzen. Folie über der Kartoffelrolle öffnen, Rolle mit zerlassener Butter bestreichen und weitere 10 Minuten im Ofen bräunen. Rolle in Scheiben geschnitten auf einer vorgewärmten Platte zusammen mit der Soße servieren.

Hackbraten mit Eiern

▷

750 g Hackfleisch
2 Eier
Petersilie
Salz
Pfeffer
Majoran
1 Zwiebel
Senf
1 Brötchen vom Vortag
3 Eier
Semmelbrösel

Brötchen in etwas Wasser einweichen. Hackfleisch mit ausgedrücktem Brötchen, Eiern, kleingehackter Zwiebel und Petersilie zu einem Teig verkneten, mit Salz, Pfeffer, Majoran und Senf würzen, zwei gleich große, länglichflache Stücke formen, die in eine ovale Auflaufform passen. Eier wachsweich kochen. Das eine Fleischstück in die gefettete Form legen, die gekochten Eier darauflegen, das andere Fleischstück darüberlegen, an den Rändern gut zusammendrücken, mit Semmelbröseln bestreuen und im vorgeheizten Ofen bei 230 Grad 60 Minuten garen.

Pestohackbraten mit dreierlei Paprika

750 g Hackfleisch
je 1 rote, gelbe und grüne Paprikaschote
1 El Öl
1 Brötchen vom Vortag
3 Bund Basilikum
3 Knoblauchzehen
2 El Pinienkerne
Salz
schwarzer Pfeffer
2 El Olivenöl
2 Eier
100 g Parmesan
1 Zwiebel
3 Thymianzweige
Fett und Semmelbrösel für die Form

Paprikaschoten putzen, halbieren, die gewölbte Seite mit Öl einstreichen und 8–10 Minuten im Grill oder Backofen auf höchster Hitze grillen oder rösten, bis die Haut schwarz ist, danach unter einem feuchten Tuch etwas abkühlen lassen und enthäuten. Basilikum abbrausen (einige Blätter zum Garnieren beiseitelegen), Blätter abzupfen, grob hacken, Knoblauch zerdrücken, Pinienkerne fein hacken. Basilikum mit 1 Tl Salz, Pfeffer, Knoblauch, Pinienkernen, Öl pürieren, Eier und Parmesan nach und nach einrühren. Hackfleisch mit feingehackter Zwiebel, eingeweichtem, ausgedrücktem Brötchen sowie dem Pesto (Basilikumsoße) mischen, mit Salz und Pfeffer würzen, gut verkneten. In eine große, gut gefettete und mit Semmelbröseln ausgestreute Kastenform den in vier Portionen geteilten Fleischteig abwechselnd mit roter, gelber und grüner Paprika schichten und im Ofen bei 200 Grad etwa 1 Stunde backen, noch 15 Minuten im abgeschalteten Ofen nachziehen lassen. Mit den zurückgelegten Basilikumblättern garnieren und sofort servieren.

Provenzalischer Hackbraten

▷

450 g Hackfleisch
1 Knoblauchzehe
1 Ei
1 kleine Zwiebel
20 g Mandelstifte
1 El Kapern
1 El süße Sahne
80 g schwarze Oliven
Salz
Pfeffer
Thymian
Rosmarin
Butter
1/8 l Rotwein

Hackfleisch mit gepreßtem Knoblauch, feingehackter Zwiebel, Mandelstiften, Kapern, Ei, Sahne und den Gewürzen zu einem glatten Teig verkneten, einen brotförmigen Laib formen und im gebutterten Bräter im Ofen bei 200 Grad etwa 50 Minuten garen. Nach 20 Minuten entkernte und in Streifen geschnittene Oliven dazugeben und mitschmoren. Braten herausnehmen, Fond mit trockenem Rotwein ablöschen, etwas einkochen und mit Salz und Pfeffer abschmecken.

Hackbraten mit Apfelsoße

500 g Hackfleisch
200 g gekochter Reis
2 Eier
Salz, Pfeffer
1 Tl Paprikapulver
1 Msp. gemahlener Koriander
3 El Schmalz
4 Äpfel
2 El Zitronensaft
1/4 l Apfelsaft
Zucker
Curry
Ingwerpulver
abgeriebene Zitronenschale
4 cl Whisky
Cayennepfeffer
1 Tl Speisestärke

Hackfleisch mit dem gekochten Reis gut verkneten, die Eier unterarbeiten und den Hackfleischteig mit den Gewürzen vermischen. Einen länglichen Laib formen, in die Fettpfanne des Backofens geben, mit dem Schmalz einstreichen und im vorgeheizten Ofen bei 200 Grad 45 Minuten backen. Dabei mehrfach mit dem Fond bestreichen. Hackbraten nach der Garzeit noch 10 Minuten im ausgeschalteten Backofen ruhen lassen. In der Zwischenzeit die Äpfel schälen, vierteln, entkernen, in feine Spalten schneiden und mit Zitronensaft beträufeln, damit sie nicht braun werden. Apfelsaft zum Kochen bringen, Äpfel hineingeben, würzen und etwa 10 Minuten kochen. Soße mit angerührter Speisestärke binden und noch einmal abschmecken.

Gefüllte Hackfleischrolle

▷

400 g Hackfleisch
100 g durchwachsener Speck
2 Kartoffeln
1 Ei
1 kleine Zwiebel
1 großer Apfel
1 Bund Petersilie
Salz, Pfeffer

Kartoffeln schälen und kochen, abgießen und pürieren. Hackfleisch mit pürierten Kartoffeln, Ei, Salz und Pfeffer zu einem Teig verkneten, auf Backpapier dünn auswellen. Speck ganz fein würfeln, Zwiebel, Apfel und Petersilie hacken, alles auf dem Fleisch verteilen, mit Hilfe der Folie zusammenrollen und wie eine Roulade formen. Diese in einen gefetteten Bräter geben und im vorgeheizten Ofen bei 225 Grad 40 Minuten braten.

Hackbraten im Gemüsebett *(6 Portionen)*

750 g Hackfleisch
1 Brötchen vom Vortag
1 Zwiebel
2 Knoblauchzehen
4 Sardellenfilets
100 g schwarze Oliven
1 El Kapern
250 g Zucchini
1 Bund Petersilie
1 Zweig Rosmarin
3 Thymianzweige
3 El Joghurt
1 Ei, Salz
1 Eigelb
schwarzer Pfeffer

Für das Gemüse:
300 g Schalotten
4 Knoblauchzehen
500 g Auberginen
600 g kleine festkochende Kartoffeln
600 g Tomaten
3 El Olivenöl
Salz
schwarzer Pfeffer
Edelsüßpaprikapulver
1 Zweig Rosmarin
2 Thymianzweige

Zwiebel, Knoblauch, abgespülte Sardellen, die Hälfte der Oliven, Kapern, Petersilie und Rosmarinnadeln sehr fein hacken. Zucchini waschen, putzen, in feine Würfel schneiden, Thymian abrebeln. Alle vorbereiteten Zutaten mit dem eingeweichten, ausgedrückten Brötchen, Joghurt, Ei und Eigelb zum Hackfleisch geben und mischen, mit Salz und Pfeffer würzen, gut verkneten. Für das Gemüse Schalotten und Knoblauch abziehen, Auberginen würfeln, Kartoffeln schälen und vierteln, Tomaten überbrühen, häuten, ebenfalls vierteln. Olivenöl in einem Bräter erhitzen, Schalotten und die ganzen Knoblauchzehen unter Rühren hellgelb andünsten, Auberginen, Kartoffeln, Tomaten, Salz, Pfeffer, Paprika, Rosmarinnadeln und gerebelten Thymian zufügen, kurz aufkochen lassen. Fleischteig zu einem Laib formen, mit den übrigen Oliven die Oberfläche dekorieren, Braten auf das Gemüse legen und zugedeckt im Ofen bei 200 Grad schmoren, anschließend noch 45 Minuten offen braten.

Falscher Hase

▷

750 g Hackfleisch
2 Brötchen vom Vortag
2 Eier
2 Zwiebeln
1 Knoblauchzehe
3 El Petersilie
Salz
Pfeffer
3 Eier
100 g durchwachsene Speckscheiben

Für die Soße:
1/4 l Fleischbrühe
saure Sahne
etwas Speisestärke

Hackfleisch mit eingeweichten, ausgedrückten Brötchen, gehackten Zwiebeln, Knoblauch und Petersilie, Salz, und Pfeffer verkneten. Hälfte des Fleischteigs oval ausbreiten, drei wachsweich gekochte Eier einlegen, restlichen Teig darübergeben und einen Laib formen, mit langen Speckscheiben umwickeln und im Ofen bei 200 Grad etwa 60 Minuten braten. Nach und nach Fleischbrühe angießen, Soße mit in saurer Sahne glattgerührter Speisestärke binden.

Käseroulade mit Spinat

4 Eier
2 Eigelb
Salz
schwarzer Pfeffer
75 g Mehl
2 El Semmelbrösel
50 g Appenzeller

Für die Füllung:
500 g Spinat
200 g Tatar
1 El Butter
1 Zwiebel
1 Knoblauchzehe
125 g Appenzeller
125 g Edamer
2 große Eier
1 El Semmelbrösel
Salz
Pfeffer
Muskat
75 g Edamer in Scheiben

Für die Soße:
1 kleine Zwiebel
1 El Öl
500 g Tomatenpüree mit Fruchtstücken
1/8 l Brühe
Salz
Pfeffer

Für den Teig Eier trennen, 6 Eigelb verrühren, salzen und pfeffern. Mehl, Brösel und geriebenen Käse mischen. Eiweiß sehr steif schlagen und alle Zutaten locker unterheben, die Biskuitmasse auf ein mit Backpapier belegtes Blech zur Größe von 30 x 40 cm streichen und im Ofen bei 200 Grad 10 Minuten backen. Zwischenzeitlich Spinat waschen, putzen, die Blätter grob hacken. Blech aus dem Ofen nehmen, Teig mit einem feuchten Tuch abdekken, auf das Tuch stürzen und Backpapier abziehen. Hackfleisch braun und bröselig braten, feingehackte Zwiebel und Knoblauch zugeben, Spinat untermischen und bei milder Hitze garen, bis er zusammenfällt, vom Herd nehmen, etwas abkühlen lassen, überstehende Dünstflüssigkeit abgießen. Beide geriebenen Käsesorten, Eier und Brösel untermischen, würzen und die

Füllung auf dem Biskuit verteilen. Von der Längsseite her mit Hilfe des Tuches aufrollen, zurück auf das Blech legen, den restlichen Edamer in schmale Streifen schneiden, rautenförmig auf die Roulade legen und bei 175 Grad noch etwa 15 Minuten backen. Inzwischen für die Soße feingehackte Zwiebel in Öl glasig dünsten, Tomatenpüree und Brühe einrühren, kräftig würzen, bei milder Hitze ohne Deckel sämig einkochen. In Scheiben geschnittene Roulade zusammen mit der Soße servieren.

Hackbraten mit Früchten

▷

125 g getrocknete Aprikosen
500 g Hackfleisch
1 Brötchen vom Vortag
50 g durchwachsener Speck
1 El Öl
1 Zwiebel
1 Ei
1 El Petersilie
1 Tl Senf
1 Tl Salz
½ Tl Pfeffer
1 El Edelsüßpaprikapulver
Margarine
¼ l Fleischbrühe
1 Pck. Bratensoßenpulver
2 El Crème fraîche

Zum Garnieren:
1 Kiwi
1 Orange
1 Scheibe Ananas

Aprikosen am Vorabend in Wasser einweichen. Hackfleisch in eine Schüssel geben. Brötchen in Wasser einweichen. Aprikosen abtropfen lassen und in sehr feine Streifen schneiden. Speck in feine Würfel schneiden. Öl in einer kleinen Pfanne erhitzen und die Speckwürfel darin dünsten. Brötchen herausnehmen, ausdrücken und mit den Aprikosen und dem Speck unter das Hackfleisch mengen. Zwiebel schälen, fein hacken und mit dem Ei, der gehackten Petersilie, Senf, Salz, Pfeffer und Paprikapulver ebenfalls zum Hackfleischteig geben. Gut durchkneten und einen länglichen Laib formen. Einen Bräter mit Margarine einfetten und den Hackfleischlaib hineinlegen. In dem auf 220 Grad vorgeheizten Backofen bei 220 Grad auf der mittleren Schiene 40–50 Minuten braten. In der Zwischenzeit die Kiwi schälen und in Scheiben schneiden. Orange schälen, die weiße Haut entfernen und Filets auslösen. Ananasscheibe in Stücke schneiden. Den Hackbraten zur Hälfte in Scheiben geschnitten auf einer vorgewärmten Platte anrichten. Mit den Früchten garnieren. Den Bratenfond mit der Fleischbrühe aufkochen, Bratensoße einrühren und 10 Minuten leicht köcheln lassen, dabei ständig umrühren. Crème fraîche unterziehen und die Soße in einer Saucière getrennt zu dem Hackbraten servieren. Dazu paßt Kartoffelbrei oder Herzoginkartoffeln.

Hackbraten mit Reiskruste

▷

½ l Milch
175 g Rundkornreis
400 g Hackfleisch
4 El Haferflocken
2 El Sherry
3 El Sojasoße
1 Ei (getrennt)
150 g geputzter Porree
50 eingelegte Ingwerpflaume
Salz
Pfeffer

Für die Gemüsesoße:
150 frische Champignons
150 g geputzter Porree
250 g Möhren
3 EL Öl
⅛ l Gemüsebrühe
1 El Sojasoße
2 El Sherry

Milch aufkochen lassen, den Reis einstreuen und bei schwacher Hitze garziehen lassen. Hackfleisch in eine Schüssel geben und mit den Haferflocken, dem Sherry, der Sojasoße und dem Eigelb vermischen. Das Weiße vom Porree fein würfeln sowie die Ingwerpflaume. Beides mit Salz und Pfeffer zum Fleischteig geben und gut durchkneten. Pikant abschmecken und einen Laib formen. Eiweiß mit etwas Salz zu steifem Schnee schlagen und unter den noch warmen Reis ziehen. Ein Backblech leicht einfetten und etwas Reismasse in der Größe des Hackfleischlaibes auf das Backblech streichen. Hackfleischlaib darauflegen und mit dem restlichen Reis umhüllen. Im vorgeheizten Backofen bei 175 Grad 60 Minuten backen. Für die Gemüsesoße Champignons und Möhren putzen, waschen und in Scheiben schneiden. Porree ebenfalls in Scheiben schneiden. Öl in einem Topf erhitzen, Gemüse hineingeben und unter Rühren dünsten. Gemüsebrühe und Sojasoße zugeben und zugedeckt 20 Minuten garen. Mit Sherry kräftig abschmecken und die Soße getrennt zum Hackbraten servieren. Zuvor den Hackbraten in Scheiben schneiden.

Hackbraten auf Kartoffelgratin

500 g Hackfleisch
1 Brötchen vom Vortag
1 Bund Petersilie
1 Ei, Muskat
½ Tl Senf, 1 kg Kartoffeln
Salz, Pfeffer
200 g mittelalter Gouda

Für die Soße:
⅛ l Sahne
Salz, Pfeffer
Muskat
1 Tl Kräuter der Provence

Hackfleisch mit eingeweichtem, ausgedrücktem Brötchen, gehackter Petersilie, Senf, Salz, Pfeffer und Muskat verkneten. Fleischteig zu einem Laib formen, dabei in die Mitte den in dicke Riegel geschnittenen Käse einlegen, mit Fleischteig umschließen. Hackbraten in eine gefettete Form legen. Für die Soße Sahne mit Salz, Pfeffer und Muskat würzen. ¾ der Soße mit den gehobelten Kartoffeln mischen und diese um den Hackbraten schichten, mit den Kräutern bestreuen, restliche Soße zugießen, im Ofen bei 200 Grad 60 Minuten backen.

Sherr
FINO
JEREZ-XÉRES-SHER

Hackbraten im Krautmantel

▷

1 Brötchen vom Vortag
1 Zwiebel
1 Knoblauchzehe
1 Bund glatte Petersilie
50 g Butter
800 g Hackfleisch
2 Eier
Salz
Pfeffer
1 El Ketchup
1 Tl Senf
1 Wirsing (ca. 800 g)
¼ l Fleischbrühe
60 g Butter

Brötchen in kaltes Wasser legen. Zwiebel und Knoblauchzehe schälen und zusammen mit der Petersilie fein hacken. In der Butter glasig dünsten. Hackfleisch in eine Schüssel geben, Eier, Salz und Pfeffer und das ausgedrückte, etwas zerpflückte Brötchen, Ketchup, Senf und die Zwiebelmischung dazugeben. Alles zu einem glatten Teig verarbeiten. Abschmecken. Wirsing putzen, eventuell schlechte Blätter entfernen. Die großen äußeren Blätter abschneiden und in reichlich kochendes Salzwasser geben, 2–3 Minuten kochen lassen. Herausnehmen und auf einem Küchentuch abtropfen lassen. Wirsingblätter auf dem Küchentuch leicht überlappend nebeneinander legen. Hackfleischmasse zu einer Rolle formen und auf die Wirsingblätter legen. Mit Hilfe des Tuches die Blätter aufrollen und mit Küchengarn leicht umwickeln. Mit der Nahtstelle nach unten in eine gefettete feuerfeste Form legen und mit der heißen Brühe übergießen. Im vorgeheizten Backofen bei 180 Grad in etwa 80–100 Minuten garen. Zwischendurch mit Butter bestreichen und wenn nötig noch Flüssigkeit zugießen. Wenn der Hackbraten gar ist, auf eine vorgewärmte Platte legen und mit einem scharfen Messer in Scheiben schneiden. Bratenfond mit etwas Brühe aufkochen und über den geschnittenen Braten gießen. Dazu passen Salzkartoffeln.

Märkischer Kohlpudding *(6 Portionen)*

1 Wirsingkohl
500 g Hackfleisch
250 g Tatar
2 Brötchen
2 Eier
1 Zwiebel
Edelsüßpaprikapulver
Kümmel
Salz, Pfeffer

Äußere Blätter vom Kohl entfernen, etwa 20 schöne Blätter ablösen und in kochendem Salzwasser 2–3 Minuten brühen, abgießen, kalt abschrecken und abtropfen lassen. Kohlrippen aus den Blättern schneiden. Fleisch mit dem eingeweichten, ausgedrückten Brötchen und der feingehackten Zwiebel zu einem glatten Teig verkneten. Würzen. In eine gefettete Wasserbad-Puddingform Kohlblätter und Fleischteig abwechselnd einschichten. Form schließen und im Wasserbad 1½ Stunde garen. Pudding stürzen.

Rollhackbraten mit Kräutern

▷

500 g Hackfleisch
1 El Senf
1 Brötchen vom Vortag
1 Ei
1 Zwiebel
½ rote Paprikaschote
3 El gehackte Kräuter (Petersilie, Schnittlauch, Dill)
½ Tl Salz
¼ Tl Pfeffer
1 Msp. Cayennepfeffer
½ Tl Paprikapulver
125 g Brie
4 El Petersilie

Brötchen in etwas Wasser einweichen, ausdrücken und zerpflücken. Mit dem Hackfleisch, Senf und Ei vermischen. Zwiebel schälen, klein hacken und zu der Hackfleischmasse geben. Paprikaschote entkernen, weiße Trennwände entfernen, waschen, in kleine Würfel schneiden und dazugeben. Kräuter und Gewürze dazugeben und alles gut durchkneten. Hackfleischmasse auf Alufolie (30 x 40 cm) legen und entsprechend rechteckig breitdrücken. Käse in feine Scheiben schneiden und in der Mitte verteilen, dann Hackfleisch von der Längsseite mit Hilfe der Folie aufrollen. In dem auf 200 Grad vorgeheizten Backofen ca. 75 Minuten backen. Zwischendurch mit dem Bratensaft etwas bepinseln. Braten dick mit gehackter Petersilie bestreuen und 5 Minuten ruhen lassen. Vor dem Servieren in Scheiben schneiden.

Geflügelhackbraten

½ fertiges Brathuhn
2 Brötchen vom Vortag
300 g Champignons
1 Zwiebel
2 El Öl
2 Eigelb
½ Pck. gemischte Kräuter
Salz
Pfeffer
Edelsüßpaprikapulver
600 g Zucchini
3 Thymianzweige
375 g Kartoffelbällchen
½ Zitrone

Zwiebel schälen, hacken und in Öl glasig dünsten. Huhn entbeinen, Fleisch samt Haut fein schneiden oder durch den Fleischwolf drehen. Mit eingeweichtem, ausgedrücktem Brötchen, Zwiebel, kleingehackten Pilzen, Eigelb und Kräutern verkneten, mit den Gewürzen abschmecken und den Fleischteig zu einem Laib formen, auf ein gefettetes Blech geben und im vorgeheizten Ofen bei 200 Grad 45 Minuten backen. Zwischenzeitlich Zucchini putzen, in Stifte schneiden, im restlichen Öl andünsten, mit Salz, Pfeffer und Thymianblättchen würzen, 6 El Wasser zugießen, zugedeckt 5 Minuten dünsten. Kartoffeln auf einem Blech zum Braten mit in den Ofen schieben. Braten mit Gemüse, Kartoffeln und Zitronenschnitzen servieren.

Hackfleischstrudel mit Gemüsesoße

225 g Mehl
Salz
6 El Öl
2 große Zwiebeln
200 g Kartoffeln
400 g Hackfleisch
1 große Essiggurke
2 Eier
Pfeffer
1 Tl Majoran
1 El Edelsüßpaprikapulver
1 Msp. Schale einer unbehandelten Zitrone
100 g saure Sahne
1 Stange Porree
100 g Knollensellerie
100 g Karotten
1 El Mehl
¼ l Fleischbrühe

225 g Mehl mit Salz, 1 El Öl und ⅛ l warmem Wasser gründlich verkneten, in Folie wickeln und an einem warmen Ort ½ Stunde ruhen lassen. Kartoffeln schälen und sehr klein würfeln. In einer großen Pfanne feingehackte Zwiebeln in 3 El Öl glasig dünsten, Kartoffeln zugeben, 5 Minuten braten, Hackfleisch zugeben und mitbraten, bis es trocken und bröselig ist. Mischung in eine Schüssel füllen, etwas abkühlen lassen, dann kleingewürfelte Gurke und Eier zum Fleisch geben, mit Salz, Pfeffer, Majoran, Paprika und fein geriebener Zitronenschale gut vermengen. Strudelteig aus der Folie nehmen, rundum mit Mehl bestäuben, auf einem gut bemehlten Tuch ausrollen und zu einer Fläche von etwa 50 x 50 cm ausziehen, in der Mitte dünn mit saurer Sahne bestreichen. Fleisch so auf dem Teig verteilen, daß ein handbreiter Teigrand frei bleibt. Alle vier Teigränder nach innen einschlagen, mit Hilfe des Tuches Teig samt Füllung zu einer Roulade aufrollen, auf ein geöltes Backblech legen und im Ofen bei 200 Grad etwa 40 Minuten hellbraun backen. Zwischenzeitlich für die Soße Porree, Sellerie und Karotten putzen, waschen bzw. schälen, in sehr feine Streifen schneiden, im restlichen Öl kurz andünsten, mit 1 El Mehl bestäuben, kurz rösten, mit Brühe auffüllen und einmal aufkochen lassen, bis die Soße sämig gebunden ist, würzig abschmecken. Strudel in gleichmäßige Scheiben geschnitten zusammen mit der Soße servieren.

Reis und Nudeln mit Hackfleisch kombiniert

Schnelle Reispfanne

(Seite 149)

250 g Langkornreis
2 Zwiebeln
1 Knoblauchzehe
2 El Öl
500 g Rinderhackfleisch
1 El Tomatenmark
1 Tl Edelsüßpaprikapulver
¼ l Fleischbrühe
1 Pkt. Balkangemüse
Salz
Pfeffer

Reis nach Anweisung garen. Zwiebel- und Knoblauchwürfel in Öl andünsten, Hackfleisch dazugeben, unter Rühren anbraten, Tomatenmark, Paprikapulver, Brühe und Balkangemüse zufügen, mit Salz und Pfeffer würzen und zugedeckt etwa 15 Minuten garen. Zum Schluß den gekochten Reis untermischen und kurz erwärmen.

Bunte Reispfanne

▷

2 Stangen Porree
4 Möhren
1 rote Paprika
1 grüne Paprika
3 El Öl
1 El Butter
½ l Fleischbrühe
200 g Langkornreis
400 g Rinderhackfleisch
1 Zwiebel, 1 Ei
1 Knoblauchzehe
1 Brötchen vom Vortag
2 El Petersilie
2 Salbeiblättchen
½ Tl Rosmarinnadeln
1 El gehackte Mandeln
½ Tl Salz, Pfeffer
5 El Semmelbrösel

Brötchen in etwas Wasser einweichen. Porree putzen, gründlich waschen und in dünne Ringe schneiden. Möhren schälen, waschen und in dünne Streifen schneiden. Die Paprikaschoten halbieren, waschen, Kerne und weiße Trennwände entfernen und fein würfeln. Das Öl mit der Butter in einem Topf erhitzen und die Gemüsemischung darin braten, bis der Porree glasig ist. Dann die heiße Fleischbrühe und den Reis zufügen und alles ohne Deckel einmal aufkochen lassen. Zugedeckt bei schwacher Hitze in ca. 20 Minuten garen. Hackfleisch in eine Schüssel geben. Zwiebel und Knoblauchzehe schälen und würfeln. Beides mit dem Ei, dem ausgedrückten und zerpflückten Brötchen, der gehackten Petersilie und den gehackten Salbeiblättern, den frischgehackten Rosmarinnadeln, den Mandeln, Salz und Pfeffer zum Hackfleisch geben und alles gut durchkneten. Pikant abschmecken. Aus dem Teig kleine Bällchen von ca. 3 cm Durchmesser formen und diese ganz leicht in den Semmelbröseln wenden. Reichlich Öl in einer tiefen Pfanne erhitzen und die Hackfleischbällchen darin bei nicht zu starker Hitze in ca. 5 Minuten rundum knusprig braten. Die fertigen Bällchen auf Küchenkrepp abtropfen lassen. Den fertigen Gemüsereis abschmecken, eventuell mit Salz und Pfeffer nachwürzen, auf eine vorgewärmte Platte oder Schüssel geben und mit den Hackbällchen garniert servieren.

Würzige Reispfanne

▷

250 g Langkornreis
450 g Hackfleisch
1 Ei
Salz
Pfeffer
2 große Zwiebeln
3 El Fett
2 Tl Salz
1½ Tl Curry
1 Tl Worcestersoße
1 El Sojasoße
⅛ l Fleischbrühe
Knoblauchpulver
Mango Chutney
Sambal Oelek
Sambal Nasigoreng
250 g Sellerie
350 g Karotten
250 g Porree
50 g Butter

Hackfleisch mit Ei, Salz und feingewürfelten Zwiebeln gut mischen, unter Rühren bröselig braten, gekochten Reis und alle Gewürze untermengen, nochmals gut durchbraten und abschmecken. Gemüse putzen, in feine Streifen schneiden, in Butter dünsten, salzen und über den Reis geben.

Nudeln mit asiatischer Hackfleischsoße

350–400 g Nudeln
½ Stange Porree
60 g Knollensellerie
175 g gelbe Paprikaschote
1 Zwiebel
50 g Mungobohnen-Sprossen
3 El Sojaöl
150 g Hackfleisch
2 El Edelsüßpaprikapulver
Salz
½ Tl gemahlener Kreuzkümmel
2–3 El Sojasoße
⅜ l Fleischbrühe
1 haselnußgroßes Stück Ingwer
4 El Paprikamark
30 g Parmesankäse

Porree und Sellerie in dünne Stifte schneiden, Paprikaschote in schmale Streifen von etwa 4 cm Länge teilen, Zwiebel fein würfeln, Bohnensprossen waschen und abtropfen lassen. Hackfleisch in einer Pfanne in Öl bröselig braten, Zwiebeln zugeben, glasig dünsten, kräftig mit Paprikapulver bestäuben, mit Salz, Kreuzkümmel und Sojasoße würzen, Brühe angießen. Ingwer schälen und sehr fein hacken, wenn möglich reiben, zum Hackfleisch geben, Porree, Sellerie und Paprikamark zufügen, mindestens 15 Minuten bei mittlerer Hitze weiter schmoren lassen, Sprossen und Paprikastifte untermischen, abschmecken und nochmals einige Minuten köcheln lassen. Zwischenzeitlich Nudeln kochen, abgießen, auf Teller verteilen, Hackfleischsoße obenauf geben und mit Parmesankäse bestreut servieren.

Spaghetti mit Hackfleischsoße

▷

1 große Dose Tomaten
500 g Hackfleisch
150 g Zwiebeln
20 g Butter
1 Knoblauchzehe
einige Spritzer Tabasco
1 Prise Muskat
Rosenpaprika
Salz
Pfeffer
Oregano
500 g Spaghetti
Parmesan

Gewürfelte Zwiebeln in Butter glasig dünsten, Hackfleisch dazugeben und anbraten, Tomaten zum Hackfleisch geben und erhitzen, mit den Gewürzen abschmecken, 20 Minuten einkochen lassen. Zwischenzeitlich Spaghetti in 3 Liter Salzwasser bißfest garen, abgießen, auf Teller verteilen, Soße darübergeben und mit Parmesankäse bestreut servieren.

Hackroulade mit Kürbis und Kräuterreis

8 El Semmelbrösel
100 g Becher Schlagsahne
1 kg frischer Kürbis
2 Zwiebeln
2 El Butter
Salz, Pfeffer
Nelkenpulver
Zucker
1–2 El Essig
1 Bund Schnittlauch
2 Tl eingelegte grüne Pfefferkörner
2 kleine Eier
650 g Hackfleisch
100 g Frühstücksspeck

Für den Reis:
2 El Öl
400 g Risotto-Reis
⅛ l Brühe
Salz
Pfeffer
2 Bund glatte Petersilie
25 g Butter
2 El Parmesankäse

5 El Semmelbrösel mit Sahne übergießen, quellen lassen. Kürbis schälen, entkernen, 300 g in kleine Würfel, den Rest in 2 cm kleine Rauten schneiden. Feingehackte Zwiebel in Butter glasig dünsten, Kürbiswürfel zufügen, mit Salz, Pfeffer, Nelkenpulver und Zucker würzen, Essig und 3 El Wasser angießen, zugedeckt 5 Minuten dünsten. Hackfleisch mit Schnittlauchröllchen, eingeweichten Bröseln samt Sahne, zerdrückten Pfefferkörnern und Eiern kräftig verkneten. Backpapier von etwa 20 x 30 cm Größe ausschneiden, mit den restlichen Semmelbröseln bestreuen, Fleischteig darauf ausrollen, Kürbis-Mischung verteilen, Teig mit Hilfe des Backpapiers einrollen, mit Speckstreifen umwickeln, auf ein gefettetes Blech legen, die Kürbis-Rauten drumherum verteilen, salzen, pfeffern, 4 El Wasser angießen und im Ofen bei 200 Grad gut 1 Stunde braten. 30 Minuten vor Ende der Garzeit Öl erhitzen, Reis unter Rühren darin glasig rösten, Brühe angießen, zugedeckt 20 Minuten köcheln lassen, salzen und pfeffern. Butterflöckchen und Petersilienstreifen unter den Reis mischen und mit Käse bestreuen.

Kapernklöße in pikanter Nudelsoße

▷

500 g Hackfleisch
1 Zwiebel
1 Brötchen vom Vortag
1 Ei
Salz
Pfeffer
Muskat
50 g Kapern
½ l Fleischbrühe
1 Glas Nudelsoße »Pikanto«
250 g Badische »Ausgerädelte« oder andere Nudeln
Salz
1 El Öl

Hackfleisch, feingewürfelte Zwiebel, eingeweichtes, ausgedrücktes Brötchen, Ei, Salz, Pfeffer, Muskat und abgetropfte Kapern gut verkneten, 8 gleichgroße Klöße formen. Fleischbrühe mit der Nudelsoße langsam erhitzen, Fleischklöße 6 bis 8 Minuten darin garen. Nudeln in Salzwasser mit Öl bißfest kochen, abgießen, heiß abschrecken und abtropfen lassen. Zusammen mit den Klößen servieren.

Bandnudeln mit scharfer Lammhacksoße

3 Bund Frühlingszwiebeln
600 g Tomaten
200 g schwarze Oliven
300 g Bandnudeln
Salz
3 Knoblauchzehen
400 g Lammhackfleisch
4 El Olivenöl
Pfeffer
1 Dose Tomatenmark
200 ml Schlagsahne
¼ l Fleischbrühe
3 El Estragon
Chilipulver

Frühlingszwiebeln putzen, waschen, schräg in Ringe schneiden. Stielansätze keilförmig aus den Tomaten schneiden, Tomaten mit kochendem Wasser übergießen, abschrekken, häuten, halbieren, entkernen und in Spalten schneiden. Oliven entkernen und ebenfalls in Spalten schneiden. Nudeln in Salzwasser mit Öl bißfest kochen, abgießen, abtropfen lassen. Hackfleisch und durchgepreßten Knoblauch in Öl anbraten, mit Salz und Pfeffer würzen, Frühlingszwiebeln zugeben und 2 bis 3 Minuten mitdünsten, Tomatenmark unterrühren, kurz anschwitzen, mit Sahne und Brühe ablöschen. Tomaten und Oliven zufügen, 2 Minuten weiterkochen, mit Salz, Pfeffer, Estragon und Chilipulver abschmecken und auf den Bandnudeln anrichten.

Sputnik-Teller

▷

150 g Nudeln »Sputnik«
Salz
2 El Öl
400 g Tatar
600 g Zucchini
200 g Champignons
8 El Fleischbrühe
2 Tl Tomatenmark
300 g Tomaten
Salz
Pfeffer
2 Zweige Basilikum

Sputnik-Nudeln in Salzwasser mit Öl bißfest kochen, abgießen, abschrecken und abtropfen lassen. Zwischenzeitlich Zucchini waschen und der Länge nach vierteln und in Scheibchen schneiden, geputzte Champignons ebenfalls in Scheiben schneiden. Hackfleisch in Öl braun braten, Gemüse zugeben und etwa 5 Minuten mitschmoren. Fleischbrühe und Tomatenmark zugeben, aufkochen lassen. Enthäutete, entkernte und gewürfelte Tomaten dazugeben, mit Salz und Pfeffer abschmecken. Einen Teil der Basilikumblättchen hacken. Mit gehacktem Basilikum würzen. Mit den übrigen Basilikumblättchen garnieren.

Nudelauflauf mit Broccoli

250 g schmale Bandnudeln
Salz
1 Zwiebel
2 El Olivenöl
2 Knoblauchzehen
500 g Hackfleisch
schwarzer Pfeffer
Edelsüßpaprikapulver
1 Tl geriebener Oregano
600 g Broccoli
4 Eier
150 g Emmentaler
¼ l Milch
Muskat
Fett für die Form

Nudeln in reichlich Salzwasser mit Öl bißfest kochen, abgießen, abtropfen lassen. Feingehackte Zwiebel in Olivenöl weich dünsten, Knoblauch dazupressen, Hackfleisch zugeben und bröselig anbraten, mit Salz, Pfeffer, Paprika und Oregano würzen. Broccoli putzen, waschen, in Röschen teilen und 3 Minuten in kochendem Salzwasser blanchieren, eiskalt abschrecken und mit den Nudeln zum Hackfleisch geben, kräftig mischen und das Ganze in eine gefettete Auflaufform geben. Eier verquirlen, geriebenen Käse und Milch unterrühren, mit Salz, Pfeffer und Muskat würzen, über den Auflauf gießen und im Ofen bei 175 Grad etwa 35 Minuten überbacken.

Badischer Nudeltraum mit Hackfleisch

▷

400 g Rinderhackfleisch
3 El Öl
2 Zwiebeln
Salz
Pfeffer
250 g Badische »Ausgerädelte« oder andere Nudeln
250 g Broccoli
¼ l Hühnerbrühe
3 Tomaten
Thymian
2 El mittelalter Gouda

Hackfleisch in 1 El Öl bräunen, gewürfelte Zwiebel zufügen und 2 bis 3 Minuten mitbraten, mit Salz und Pfeffer würzen. Nudeln in Salzwasser und Öl bißfest kochen, abgießen, abschrecken und abtropfen lassen. Zwischenzeitlich Broccoli putzen, waschen, in Röschen teilen, diese halbieren und in Brühe 5 Minuten garen, abtropfen lassen, die Brühe auffangen. Tomaten häuten, in Scheiben schneiden. Zwei Drittel der Nudeln in eine gefettete Form geben, Hackfleisch darübergeben, darauf abwechselnd die restlichen Nudeln, Broccoliröschen und Tomatenscheiben anrichten. Mit Salz, Pfeffer und Thymian würzen, Gemüsebrühe zugießen, geriebenen Käse darüberstreuen und im Ofen bei 200 Grad etwa 25 Minuten backen.

Farfalle mit Hackfleischragout

400 g Rinderhackfleisch
2–3 El Öl
2 El Tomatenmark
Salz
Cayennepfeffer
Pimentpulver
⅛ l Fleischbrühe
250 g Zucchini
100 g Silberzwiebeln
400 g (Farfalle-) Nudeln
1 Bund Schnittlauch

Hackfleisch in Öl kräftig braun anbraten, dabei das Fleisch mit einem Kochlöffel bröselig auflockern. Tomatenmark zugeben, würzen, mit Fleischbrühe aufgießen und 10 Minuten schmoren lassen. Zucchini längs vierteln und schräg in 1 cm lange Stücke schneiden, zusammen mit den abgetropften Silberzwiebeln zum Hackfleisch geben, weitere 10 Minuten schmoren lassen, zuletzt nochmals abschmecken. Zwischenzeitlich Nudeln in reichlich Salzwasser bißfest kochen, abgießen, auf Teller verteilen und Ragout obenauf geben, mit Schnittlauchröllchen bestreut servieren.

Kohlrabireis mit Fleischspießen

▷

Für den Reis:
200 g Reis
4 Kohlrabi
2 Zwiebeln
2 Markknochen
2 Gläser Gemüsefond
1 Tl Salz

Für die Spieße:
400 g Rinderhackfleisch
2 Eigelb
Salz
Pfeffer
1 Tl Edelsüßpaprikapulver
1 rote Paprikaschote
2 El Öl
40 g Butter

Reis kurz waschen und auf einem Sieb abtropfen lassen. Von den Kohlrabi die großen Blätter entfernen, Herzblättchen waschen und kleinschneiden. Kohlrabi schälen und in kleine Würfel schneiden. Zwiebeln schälen, fein würfeln. Mark aus den Knochen drücken, in einem Topf schmelzen, die Zwiebelwürfel darin glasig werden lassen. Reis zufügen, kurz umrühren, salzen und 1 Glas Gemüsefond zugießen. Reis aufkochen, dann zugedeckt bei kleiner Hitze in etwa 10–12 Minuten garen. Nach 5 Minuten die Kohlrabiwürfel und das Grün zugeben. Das zweite Glas Gemüsefond nach und nach dazugießen. Wenn nötig noch etwas Wasser dazugeben. Für die Spieße das Hackfleisch mit Eigelb, Salz, Pfeffer und Paprikapulver verkneten und 12 kleine Bällchen formen. Paprikaschote vierteln, entkernen und waschen. Öl und Butter in einer Pfanne erhitzen, die Hackfleischbällchen und die Schoten darin in 6–8 Minuten braten, dabei die Pfanne immer bewegen. Danach auf geölte Holzspießchen stecken. Unter den Reis etwas Butter ziehen, in eine vorgewärmte Schüssel geben und die Spießchen darauf anrichten.

Gemüsereis mit Hackfleisch

250 g Langkornreis
Salz
200 g Zwiebeln
1 Knoblauchzehe
1 rote Paprikaschote
2 El Öl
500 g Rinderhackfleisch
1 El Tomatenmark
1 Tl Edelsüßpaprikapulver
¼ l Gemüsebrühe
1 kleine Dose Maiskörner
150 g (TK-)Erbsen
Pfeffer

Reis in kochendem Salzwasser garen. Zwischenzeitlich gewürfelte Zwiebeln und Knoblauch in Öl glasig dünsten, Hackfleisch zugeben, unter Rühren bröselig braten, Tomatenmark und Paprikapulver unterrühren und mit Brühe auffüllen. Gut abgetropften Mais, gewürfelte Paprika und aufgetaute Erbsen zum Hackfleisch geben. Frische Erbsen müssen etwas vorgegart werden. Zugedeckt etwa 15 Minuten schmoren lassen, mit Salz und Pfeffer abschmecken. Zum Schluß den gekochten Reis unterheben und miterwärmen.

Curryreis mit roten Linsen und Lammfrikadellen

Für die Frikadellen:
50 g Zwiebeln
1 Knoblauchzehe
3 Scheiben Weizentoast
20 g Butter, 1 Ei
500 g mageres Lammhackfleisch
150 g Sahnejoghurt
Salz, weißer Pfeffer

Für den Reis:
2 Bund Frühlingszwiebeln
2 kleine rote Chilischoten
300 g (Basmati-)Reis
250 g Kichererbsen
30 g Butter
2–3 Tl mittelscharfer Senf
¾ l Hühnerfond
Salz, 6 El Öl
150 g rote Linsen
1 Bund Dill
1 Becher Sahnejoghurt

Feingewürfelte Zwiebeln und durchgepreßten Knoblauch in Butter glasig dünsten. Hackfleisch mit eingeweichtem, ausgedrücktem Toast, gedünsteten Zwiebeln, Ei und Sahnejoghurt verkneten, mit Salz und Pfeffer würzen, kühl stellen. Frühlingszwiebeln putzen, waschen, in schräge Scheiben schneiden. Chilis längs halbieren, Kerne herausspülen, Fruchtfleisch fein hacken. Reis mehrfach in kaltem Wasser waschen, gut abtropfen lassen, Kichererbsen ebenfalls abspülen und abtropfen lassen. Fett erhitzen, zuerst das Currypulver, dann den Reis einrühren, Hühnerfond zugießen, mit Salz und Chilis würzen, zugedeckt bei milder Hitze 25 Minuten ausquellen lassen. Linsen in ¼ l kochendes Salzwasser schütten, etwa 5 Minuten garen, mit kaltem Wasser abschrecken, abtropfen lassen. Frühlingszwiebeln unter Wenden in 2 El Öl bei starker Hitze 4 bis 5 Minuten braten. Nun aus dem Hackfleisch 12 Frikadellen formen, im restlichen Öl bei mittlerer Hitze braten. 5 Minuten, bevor der Reis gar ist, Kichererbsen und Linsen untermischen, wenn der Reis gar ist, Frühlingszwiebeln unterheben. Dill zupfen und unter den Joghurt rühren. Als Soße zu Reis und Frikadellen servieren.

Hackfleisch für kleine und große Partys

Hackfleischstrudel *(Seite 165)*

Für den Teig:
250 g Mehl
⅛ l Wasser
Salz
50 g Butter

Für die Füllung:
500 g Hackfleisch
20 g Butter
1 kleine Zwiebel
Salz
weißer Pfeffer
1 Ei
3 El Sahne
1 Bund Petersilie
1 Prise Cayennepfeffer
1 Eigelb zum Bestreichen

Mehl, lauwarmes Wasser, Salz und flüssige Butter zu einem glatten Strudelteig verkneten, oben mit Wasser bestreichen und etwa 30 Minuten ruhen lassen. Für die Füllung gehackte Zwiebel in Butter erhitzen, abkühlen lassen. Hackfleisch mit Salz, Pfeffer, Ei, Zwiebeln und Petersilie mischen, mit Cayennepfeffer abschmecken. Ein sauberes Leinentuch mit Mehl bestäuben, Strudelteig darauf sehr dünn zu einem Rechteck ausrollen, mit flüssiger Butter bestreichen, Fleischmasse auf die eine Seite geben, Ränder umschlagen und den Strudel aufwickeln, dabei das Leinentuch anheben. Strudel auf ein gefettetes Backblech legen, oben mit verquirltem Eigelb bestreichen und im Ofen bei 220 Grad backen. Heiß servieren. Dazu schmeckt gemischter Salat.

Pfannkuchentorte mit Spitzkohl *(8 Portionen)*

Für die Pfannkuchen:
4 Eier
275 g Mehl
150 ml Mineralwasser
Butterschmalz
3 Tl Sardellenpaste

Für die Füllung:
400 g Hackfleisch
1 El Öl
1 Zwiebel
1 Knoblauchzehe
1 Bund Suppengrün
400 g Dosentomaten
⅛ l kräftiger Rotwein
Salz, Pfeffer
Thymian, Oregano
ca. 700 g Spitzkohl
3 El Butter
⅛ l Fleischbrühe
3 El Crème fraîche
1 Tl Schale einer unbehandelten Zitrone
1 Bund Petersilie
2 Eigelb
100 g Parmesan

Für den Pfannkuchenteig Eier in einer Schüssel gut verquirlen, Mehl, Salz und Milch hinzufügen und mit dem Schneebesen kräftig glattrühren. Nach und nach soviel Mineralwasser unterschlagen, bis ein sehr dünner Teig entsteht. Sardellenpaste unterrühren und ½ Stunde quellen lassen. Zwischenzeitlich Hackfleisch in Öl bröselig braten, feingehackte Zwiebel und Knoblauch zugeben und hellgelb dünsten. Suppengrün waschen und klein schneiden, 5 Minuten mitdünsten, Tomaten samt Saft hinzufügen,

Wein angießen, mit Salz, Pfeffer und Kräutern würzen, alles etwa 20 Minuten köcheln lassen. Kohl waschen, vierteln, in feine Streifen schneiden, 5 Minuten in Butter dünsten, Brühe angießen, Crème fraîche unterrühren, mit Salz, Pfeffer und Zitronenschale würzen und ebenfalls köcheln lassen. Gleichzeitig in wenig Butterschmalz 8 Pfannkuchen (20 cm Durchmesser) backen. Feingehackte Petersilie und Eigelb unter den Kohl mischen. Eine runde Gratin- oder Springform fetten, einen Pfannkuchen hineinlegen, darauf 1/4 der Fleischmasse und etwas Parmesan verteilen, den zweiten Pfannkuchen auflegen, 1/4 der Kohlmasse darauf verteilen, mit einem Pfannkuchen abdecken. Wieder Fleischmasse, Parmesan und Pfannkuchen einschichten, bis alle Zutaten verbraucht sind, mit Kohl abschließen, Parmesan aufstreuen, mit Butterflöckchen belegen und im Ofen bei 200 Grad etwa 25 Minuten backen.

Pfannkuchenblüten, exotisch gefüllt

Für die Pfannkuchen:
1 Eigelb
1/2 l eisgekühltes Wasser
1/2 Tl Natron
250 g Mehl

Für die Füllung:
500 g Schweinehackfleisch
3 El Sojasoße
1–2 Knoblauchzehen
1/2 El Zucker
1 Tl frischgeriebener Ingwer
20 g getrocknete Garnelen
1 El Pflanzenöl
1 Ei
200 g Langkornreis
1–2 Blätter getrockneter Seetang
Schmale grüne Porreestreifen zum Binden

Hackfleisch mit den Gewürzen, fein zerriebenen Garnelen, Öl und Eigelb gut vermischen, etwa 16 gleichgroße Bällchen formen. Seetang leicht erwärmen, bis er knusprig wird, fein zerreiben und mit dem gekochten, abgekühlten Reis mischen, die Bällchen darin wälzen. Für den Pfannkuchenteig Eigelb mit eisgekühltem Wasser und Natron leicht verquirlen, Mehl hineinsieben und alles zu einem glatten Teig rühren. Der Teig muß dünnflüssig sein und sollte sofort verarbeitet werden. Eine beschichtete Pfanne dünn einölen, erhitzen und so viel Teig hineingeben, daß der Boden gerade dünn bedeckt ist, bei mäßiger Hitze hell (nicht braun!) backen und wenden, sobald die Oberfläche stockt. Jeden Pfannkuchen sofort nach dem Backen in eine kleine geölte Reisschüssel drücken, so daß ein Kelch entsteht, Rand soll ca. 4 cm überstehen, je ein Fleischbällchen einlegen, die Pfannkuchen am Rand dünn mit verschlagenem Eiweiß bestreichen und über der Füllung zu Blütenkelchen zusammendrücken. Kurz vor dem Servieren die kleinen Beutel portionsweise in der Friteuse in reichlich siedendem Öl etwa 4–5 Minuten schwimmend goldgelb ausbacken, gut abtropfen lassen und mit schmalen Streifen von Porree garnieren. Dazu reichen Sie schmal zugeschnittene frische Lauchzwiebeln.

Pikante Hackfleischtorte

▷

Für den Teig:
400 g Mehl
2 Eier
4 El eiskaltes Wasser
250 g Butter

Für den Belag:
500 g Rinderhackfleisch
1 Tl Butter
1 Knoblauchzehe
Salz
weißer Pfeffer
1 Prise Muskat
5–8 kleine Tomaten
1 Eigelb zum Bestreichen

Mehl auf eine Arbeitsplatte geben, in die Mitte eine Mulde drücken, Ei und Wasser hineingeben, Butterflöckchen auf dem Rand verteilen. Alles mit einem Messer mischen und zu einem glatten Teig verarbeiten, 1 Stunde kühlstellen. Hackfleisch hellbraun braten, Butter, Salz und zerdrückten Knoblauch zufügen und weitere 5 Minuten dünsten, aus der Pfanne nehmen und auskühlen lassen. Tomaten in dünne Scheiben schneiden. Auf bemehlter Arbeitsfläche zwei Drittel des Mürbeteiges ausrollen. Eine Pie- oder Tortenbodenform mit dem Teig so auslegen, daß ein kleiner Rand entsteht, abgekühlte Fleischmasse darauf verteilen, Tomatenscheiben darüberlegen. Restlichen Teig ausrollen, schmale Streifen ausradeln, gitterförmig auf die Torte legen. Teiggitter mit verrührtem Eigelb bestreichen und im Ofen bei 200 Grad etwa 45 Minuten backen.

Schneebälle

200 g Langkornreis
500 g Schweinehackfleisch
1 Ei
2 Tl Salz
1 El Sojasoße
1 El Zucker
1–2 Zwiebeln
1 El frischgeriebene Ingwerwurzel
1 Prise Cayennepfeffer
3 El Mehl
1 Prise Suppenwürze
½ Porreestange

Reis entweder über Nacht in kaltem Wasser oder 2–3 Stunden in warmem Wasser einweichen. Hackfleisch mit leicht verquirltem Ei, Gewürzen und Mehl durchkneten. Porree in feine Scheiben schneiden, waschen, gut abtropfen lassen, unter den Fleischteig mischen und etwa golfballgroße Bällchen formen. Eingeweichten Reis gut abtropfen lassen, mit Küchenkrepp trockentupfen, auf einem Küchentuch oder einer Platte ausbreiten und die Fleischbällchen darin wälzen. Einen Siebeinsatz mit einem feuchten Tuch auslegen, Hackbällchen nebeneinander hineingeben, Siebeinsatz in einen Dampfkochtopf mit siedendem Wasser setzen (Wasser darf den Einsatz nicht berühren), Topf schließen und bei mäßiger Hitze die Bällchen etwa 25 Minuten dämpfen. Die Bällchen können warm oder kalt gegessen werden. Dazu reicht man Dips.

Hackfleischfondue

▷

400 g Tatar
400 g Schweinemett
400 g rohe Kalbsbratwurst
1 kleine Zwiebel
½ Bund Petersilie
1 El Mehl
½ l Öl
Salz
Pfeffer

Für die Beilagen:
Tomaten-, Curry- und Grillketchup
Zigeunersoße
Sahnemeerrettich
Kräuterremoulade
Mixed Pickles
Peperoni
kleine Gürkchen

Zwiebel schälen und fein hacken. Tatar mit feingehackter Zwiebel, Schweinemett mit gehackter Petersilie vermengen, salzen und pfeffern. Die Kalbsbratwurst von der Pelle befreien. Aus Tatar, Schweinemett und Kalbsbratwurst jeweils kleine Bällchen formen, in Mehl wenden und auf einer Platte anrichten. Öl im Fondue-Topf erhitzen und die Bällchen, auf lange Fondue-Gabeln gesteckt, knusprig braun werden lassen. Dazu verschiedene Soßen, Mixed Pickles, Peperoni, Gürkchen und pikante Salate reichen.

Pikant gefüllte Paprika *(6 Portionen)*

6–8 gleichgroße Paprikaschoten
1 große Zwiebel
2 Knoblauchzehen
2 El Butter
1 Bund Petersilie
500 g Hackfleisch
1 großes Ei
1 Eigelb
200 g Langkornreis
Salz
Pfeffer
2 El Worcestersoße
1 El Sojasoße
2 El Sherry
1 Prise Zucker
1 Tl Delikateßpaprika
1 El mittelscharfer Senf
¼ l Gemüsebrühe
¼ l Sahne
3 gehäufte El Ketchup

Schotendeckel knapp unterhalb des Stiels quer abschneiden, alle Kerne und weißen Trennwände herausstreifen, Schoten waschen und abtropfen lassen. Feingehackte Zwiebel und Knoblauch in Butter weich dünsten, zum Schluß feingehackte Petersilie untermischen, etwas abgekühlt zum Hackfleisch geben und zusammen mit Ei, Eigelb, Reis und allen Gewürzen zu einem geschmeidigen Teig vermengen, sehr kräftig abschmecken, in die Schoten füllen, Deckel wieder aufsetzen, Schoten nebeneinander in einen passenden Topf setzen, Brühe angießen, zugedeckt aufkochen und bei mittlerer Hitze etwa 40 Minuten gar schmoren. Schoten vorsichtig herausnehmen und warm stellen. Aus dem Sud mit der Sahne und dem Ketchup rasch eine sämige Soße kochen und um die Schoten herumgießen.

Avocadotatar

▷

400 g gehacktes Filetsteak
4 Eigelb
6 Sardellenfilets
2 El Zwiebeln
2 El Kapern
2 El Oliven
einige Spritzer Worcestersoße
Salz
Pfeffer
Paprika
4 Scheiben Schwarzbrot
2 Avocados (à 200 g)

Hackfleisch mit Eigelb, feingehackten Zwiebeln, kleingeschnittenen Sardellenfilets, feingehackten Kapern und Oliven vermengen, kräftig mit Worcestersoße, Salz, Pfeffer und Paprika abschmecken und auf die Schwarzbrotscheiben verteilen. Avocados längs halbieren, Kerne entfernen, Fruchtfleisch aus den Schalen heben und quer in dünne Scheiben schneiden. Die Scheiben je einer Avocadohälfte dachziegelartig auf die Tatarbrote garnieren, mit der Pfeffermühle darübermahlen.

Gefüllte Artischocken

200 g Rinderhackfleisch
3 El Olivenöl
1 Knoblauchzehe
1 große Zwiebel
etwas Schale einer unbehandelten Orange
1 scharfe Chilischote
1 El Petersilie
Salz, Pfeffer
12 kleine Artischocken
Zitronensaft
1 El Mehl

Für die Soße:
2 Fleischtomaten
2 El Rotweinessig
5 El Olivenöl
12 frische Basilikumblättchen
1 Knoblauchzehe
Salz
Pfeffer

Knoblauchzehe in Öl braun rösten, herausholen und wegwerfen (das Aroma ist jetzt im Öl). Gehackte Zwiebel ins Öl geben, braun rösten, nun Hackfleisch zugeben und ebenfalls braun braten, gleichzeitig Orangenschale und entkernte Chilischote zufügen, damit sie ihre Schärfe abgeben kann (nach dem Braten jedoch wieder herausnehmen), gehackte Petersilie einstreuen, mit Salz und Pfeffer abschmecken. Artischocken rundum bis zu den zarten, eßbaren Teilen abschälen, den Stiel kürzen, möglicherweise noch vorhandenes Heu aus der Mitte entfernen, längs aufschneiden und sofort in gesalzenes, mit viel Zitronensaft gesäuertes und mit Mehl verrührtes Wasser werfen, Topf schließen und in wenigen Minuten knackig garkochen. Bei ganz frischen Artischocken dürften 6 Minuten genügen, nicht zu lange kochen, sonst verlieren sie ihren Biß. Für die Soße Tomaten überbrühen, häuten, entkernen und pürieren, mit Essig, Öl, feingeschnittenen Basilikumblättchen und zerdrückter Knoblauchzehe mischen, würzen. Das inzwischen fast abgekühlte Hackfleisch auf die lauwarmen Artischockenherzen packen, auf einer Platte anrichten, mit Soße übergießen.

Hackfleischhäppchen

▷

1 kg Hackfleisch
80 g Toastbrot
2–3 El Wasser
100 g Zwiebeln
4 Eier
3 El scharfer Senf
Salz
¼ Tl Zitronenpfeffer
je 6 El Husarensoße und Teufelssoße

Toast entrinden. Hackfleisch mit in Wasser eingeweichtem, ausgedrücktem Toast, feingehackten Zwiebeln, Eier, Senf, Salz und Zitronenpfeffer gut vermischen, auf ein ungefettetes Backblech geben, glattstreichen und im Ofen bei 220 Grad etwa 25 Minuten braten. Danach in Rechtecke schneiden und jeweils mit Husarensoße oder Teufelssoße garnieren.

Hackfleischrollen mit Wein und Ingwer

Für den Teig:
2 El Speisestärke
1 Prise Salz
3 El Reiswein (oder halbtrockener Sherry)
3 Eier
Öl zum Braten

Für die Füllung:
250 g Schweinehackfleisch
1 El frisch geriebener Ingwer
2 El Sojasoße
1 El Zucker
½ El Salz
1 Eigelb
1 El Speisestärke
3 Frühlingszwiebeln mit Grün

Paste zum Bestreichen:
1 Eiweiß
etwa 3 El Mehl

Für die Füllung Hackfleisch mit den Gewürzen, Eigelb, feingehackten Lauchzwiebeln (Grün abschneiden und beiseitestellen) und Speisestärke gut vermischen. Für den Teig Stärke, Salz und Wein glattrühren, Eier leicht verquirlt untermischen. Der Teig sollte glatt und dünnflüssig sein. Die Hälfte des Teiges in eine beschichtete, leicht eingeölte und erhitzte Pfanne geben, sehr hell ausbacken, ebenso die zweite Teighälfte. Leicht geschlagenes Eiweiß mit Mehl zu einer dicken Paste verrühren, Pfannkuchen damit bestreichen, vor allem die Ränder. Die Füllung so auf den beiden Fladen verteilen, daß ein schmaler Rand frei bleibt. Das zurückbehaltene Grün der Frühlingszwiebeln längs aufschneiden, die Streifen ebenfalls auf die Fleischfüllung legen. Jeden Pfannkuchen von einer Seite her aufrollen. Die beiden Enden und die Nahtstellen nochmals dünn mit der Paste bestreichen und festdrücken. Die beiden Rollen nebeneinander in ein feuchtes Küchentuch fest einschlagen; dabei die Seite, an der die Rollen sich berühren, dünn mit Öl bestreichen, damit sie nicht zusammenkleben. In einem Siebeinsatz (Dampfkochtopf) zugedeckt bei leicht siedendem Wasser (es darf den Einsatz nicht berühren) etwa 30 Minuten garen. Die Rollen können warm oder kalt in Scheiben serviert werden. Zu den Hackfleischrollen paßt geriebener Rettich.

Gegrillte Hackrollen

▷

250 g Hackfleisch
250 g grobe Bratwurstmasse
1 Brötchen vom Vortag
4 Sardellenfilets
2 Zwiebeln
1 El Kapern
1 Ei
Salz
Steakpfeffer
2 El Öl

Hackfleisch und Bratwurstmasse mit eingeweichtem, ausgedrücktem Brötchen, feingehackten Sardellenfilets, feingewürfelten Zwiebeln, Kapern, Ei und Gewürzen gut verkneten, 8 Rollen daraus formen. Auf geölter Alufolie unter mehrmaligem Wenden etwa 20 Minuten knusprig braun grillen, dabei nach jedem Wenden mit Öl bepinseln.

Hackfleisch-Polenta-Torte

200 g grober Maisgrieß (Polenta)
¾ l Fleischbrühe
1 Brötchen vom Vortag
1 Zwiebel
2 Knoblauchzehen
1 El Butter
300 g Hackfleisch
1 Ei
3 El Tomatenmark
Salz
schwarzer Pfeffer
Oregano
1 Bund Petersilie
100 g Emmentaler
400 g rote Bohnen aus der Dose
einige Spritzer Tabasco

Brötchen in etwas Wasser einweichen. Polentagrieß nach Packungsanweisung in die kochende Brühe einrühren, etwa 15 Minuten quellen lassen. Feingehackte Zwiebel und Knoblauch in heißer Butter glasig dünsten. Hackfleisch, eingeweichtes, ausgedrücktes Brötchen, gedünstete Zwiebel mit Knoblauch, Ei und Tomatenmark in einer Schüssel gründlich mischen, mit Salz, Pfeffer und Oregano kräftig würzen. Teig in eine gefettete Springform füllen, glattstreichen und im vorgeheizten Backofen bei 200 Grad etwa 20 Minuten garen. Gehackte Petersilie unter die Polenta mengen, auf den Fleischteig streichen, Torte mit geriebenem Emmentaler bestreuen und nochmals 20 Minuten überbacken. Bohnen samt dem Saft in einem Topf erhitzen, mit etwas Tabasco schärfen und zu der Torte servieren.

Hackfleischpastete mit Kapern

▷

Für den Teig:
250 g Mehl
1 Tl Salz
175 g Butter
1 kleines Ei
5 El saure Sahne

Für die Füllung:
750 g Hackfleisch
50 g Butter
1 Gläschen Kapern
1 Gläschen Sardellenfilets
1 Bund Petersilie
1 Ei
1 Brötchen vom Vortag
3 El Milch
Salz
Pfeffer

Zum Bestreichen:
1 Ei
2 El Milch

Für den Teig Mehl, Salz, kalte Butterflöckchen, Ei und Sahne in einer gekühlten Schüssel zum Teig verkneten, kühl stellen. Zwischenzeitlich Hackfleisch in Butter bräunen, herausnehmen. Hackfleisch mit eingeweichtem, ausgedrücktem Brötchen, jeweils feingehackten Kapern, Sardellenfilets, Zwiebeln und Petersilie, Ei, Milch und Gewürzen gut vermischen. Mehlteig halbieren und zwei Rechtecke (ca. 15 x 35 cm) ausrollen, Teigränder gerade schneiden. Aus den Teigresten Streifen ausrollen. Ein Teigrechteck auf ein gefettetes Backblech legen, Hackfleischmasse daraufgeben, zu einem schmalen Laib fest zusammendrücken und mit der zweiten Teigplatte abdecken. Mit einer Gabel die beiden Teigplattenränder fest zusammendrücken, Teigdecke mehrmals tief einstechen, Pastete mit Teigstreifen verzieren, mit verquirlter Eiermilch bestreichen und im Ofen bei 200 Grad etwa 50 Minuten backen.

Hackfleischpfanne mit Schafskäse, Anis und Koriander

1 große Zwiebel
1 Knoblauchzehe
2 El Olivenöl
500 g Hackfleisch
4 El Tomatenmark
⅛ l Rotwein
⅛ l Fleischbrühe
2–3 El Schlagsahne
1 Tl gem. Anissamen
1 Tl gem. Korianderkörner
Salz
Pfeffer
2 Tomaten
100 g Schafskäse
Dillspitzen

Einen Wok oder eine Pfanne erhitzen, Öl heiß werden lassen, gehackte Zwiebel und Knoblauch darin glasig dünsten, Hackfleisch zufügen und unter Rühren bröselig und braun braten. Tomatenmark, Rotwein, Brühe, Schlagsahne und Gewürze zufügen, unter Rühren 5 bis 10 Minuten köcheln lassen. Tomaten überbrühen, kalt abschrecken, häuten, halbieren, Stengelansätze und Kerne entfernen, Tomatenfleisch in nicht zu kleine Stücke schneiden. Schafskäse zerbröckeln. Tomaten unter das Hackfleisch mischen, abschmecken. Käse und Dillspitzen darüberstreuen.

Pfannkuchenrollen mit Hackfleisch

▷

Für den Teig:
250 g Mehl
1 gestr. Tl Backpulver
4 Eier
3 Tassen Milch

Für die Füllung:
400 g Hackfleisch
50 g geräucherter Speck
1 Zwiebel
1 Brötchen vom Vortag
Butter
Salz
Pfeffer
2 Tl geriebener Käse

Brötchen in etwas Wasser oder Milch einweichen. Für den Teig alle Zutaten glatt verrühren, ½ Stunde ruhen lassen. Speckwürfel goldbraun braten. Gewürfelte Zwiebel in Butter glasig dünsten, Hackfleisch, eingeweichtes, ausgedrücktes Brötchen und Speckwürfel zugeben und unter Rühren gut anrösten, würzen und zugedeckt warmstellen. Pfannkuchen in erhitzter Butter backen, sobald die Oberfläche trocken ist, wenden und fertigbacken, Hackfleischmasse auf die Pfannkuchen aufstreichen und aufrollen. Mit geriebenem Käse bestreut servieren.

Würzige Käseschnecken *(14 Stück)*

Für den Teig:
500 g Mehl
Salz
20 g frische Hefe
½ Tl Zucker
¼ l Milch
50 g Butter
1 Ei

Für die Füllung:
2 Zwiebeln
je 1 Bund Petersilie und Dill
350 g Rinderhackfleisch
2 El Magerquark
1 Ei
Salz, Pfeffer
300 g Käse mit Gartenkräutern

Mehl und ½ Tl Salz in eine Schüssel geben. Zerbröckelte Hefe, Zucker und 1 El vom Mehl in lauwarmer Milch verrühren und etwa 15 Minuten gehen lassen. Weiches Fett, Ei und den Vorteig zum Mehl geben und zusammen verarbeiten, weitere 20 Minuten gehen lassen. Hackfleisch mit gewürfelten Zwiebeln, gehackten Kräutern, Quark, Ei, Salz und Pfeffer gut verkneten. Teig auf bemehlter Fläche zu einem Rechteck (ca. 30 x 40 cm) ausrollen, Fleischteig daraufstreichen, kleingewürfelten Käse darüber verteilen, Teig von der kürzeren Seite her aufrollen und in ca. 14 Scheiben schneiden. Käseschnecken auf ein mit Backpapier belegtes Blech geben und im Ofen bei 200 Grad etwa 30 Minuten backen.

Mehl

Fleischpirogge

▷

Für den Teig:
250 g Mehl
½ Tl Zucker
1 Tl Salz
20 g frische Hefe
1 kleines Ei
½ Becher Wasser
50 g weiches Schmalz

Für die Füllung:
500 g Hackfleisch
1 Brötchen vom Vortag
⅛ l Milch
1 Zwiebel
50 g durchwachsener Speck
1 Becher Sahne
Salz
Pfeffer
Muskat

Zum Bestreichen:
1 Eigelb
1 El Milch

Für den Hefeteig alle Zutaten in eine Schüssel geben, kräftig durchkneten, 30 Minuten zugedeckt gehen lassen, danach dünn zu einem Rechteck ausrollen. Für die Füllung Brötchen in heißer Milch einweichen. Hackfleisch mit Zwiebel- und Speckwürfeln, ausgedrücktem Brötchen, Sahne, Salz, Pfeffer und Muskat gut mischen, Fleischmasse auf den Hefeteig streichen, dabei 2 cm Rand freilassen, aufrollen, auf ein mit Backpapier belegtes Blech geben und weitere 30 Minuten zugedeckt ruhen lassen. Danach mit verquirltem Eigelb bestreichen und im vorgeheizten Backofen bei 225 Grad etwa 40 Minuten backen, eventuell zwischendurch mit Alufolie abdecken.

Erdnuß-Fleischbällchen

500 g Zwiebeln
2 Knoblauchzehen
10 g frischer Ingwer
4 El Erdnußöl
200 g gesalzene Erdnüsse
4 Bund Petersilie
2 El Kokoscreme
1 Tl gem. Koriander
Salz, Pfeffer
3 Brötchen vom Vortag
1 kg Hackfleisch
2 Eier
ca. 150 g Semmelbrösel

Feingehackte Zwiebeln, in kleine Stückchen geschnittenen Ingwer und durchgepreßten Knoblauch in Öl anbraten. Erdnüsse in eine Plastiktüte füllen, mit einem Nudelholz kräftig darüberrollen, so daß ein grobes Mehl entsteht, in die Pfanne geben und mitbraten. Petersilie waschen, trockentupfen, fein wiegen und zusammen mit Kokoscreme und Gewürzen unter die Nuß-Masse rühren, Pfanne vom Herd nehmen. Hackfleisch mit eingeweichtem, ausgedrücktem Brötchen, Nuß-Mischung und Eiern gut verkneten, zu Bällchen formen, in Semmelbröseln wälzen und in mehreren Portionen im heißen Fett bei mittlerer Hitze etwa 10 Minuten goldbraun braten. Die Bällchen können warm oder kalt serviert werden.

Hackspieße mit Kräuterreis

▷

250 g Langkornreis
1 Zwiebel
1 Knoblauchzehe
4 El Olivenöl
je 1 Bund Basilikum, Majoran und Petersilie
300 g (TK-)Erbsen
500 g Hackfleisch
Fleischgewürz
1 Gemüsezwiebel
100 g Champignons
50 g durchwachsener, geräucherter Speck

Zwiebel und Knoblauch feingehackt 5 Minuten in Öl dünsten, gekochten Reis, gehackte Kräuter und Erbsen unterheben, weitere 5 Minuten zugedeckt dünsten, auf eine Platte geben und warmstellen. Hackfleisch mit Fleischgewürz verkneten und kleine Bällchen formen. Gemüsezwiebel in feine Spalten, Champignons in dicke Scheiben, Speck in kleine Scheiben schneiden. Abwechselnd Hackbällchen, Speck, Zwiebeln und Champignons auf Spieße stecken und von allen Seiten etwa 10 Minuten grillen. Auf dem Kräuterreis anrichten.

Hackfleischpfanne mit Sojasprossen, Ingwer und Sojasoße

2 Knoblauchzehen
1 kleine Zwiebel
1 Stück frischer Ingwer
1 kleiner Kopf Wirsing
100 g Sojasprossen
3 El Öl
500 g Hackfleisch
6 El Fleischbrühe
6 El Sojasoße
6 El Sherry
1 Tl Zucker
Salz
Pfeffer
1 El Sesamsamen

Knoblauch, Zwiebel und Ingwer fein hacken. Wirsing putzen, etwa 200 g makellose Blätter davon abwiegen, Blätter waschen, in Stücke zupfen. Sojasprossen waschen. Einen Wok oder eine große Pfanne erhitzen, Öl heiß werden lassen und Wirsing, Knoblauch, Zwiebel und Ingwer unter Rühren anbraten, herausheben und beiseitestellen. Hackfleisch im verbliebenen Fett unter Rühren bröselig und braun braten, die angebratenen Zutaten und Sojasprossen zufügen. Brühe, Sojasoße, Sherry und Zucker miteinander verquirlen, zum Hackfleisch geben, noch 1 Minute kräftig kochen lassen, abschmecken und mit Sesamsamen bestreuen.

ITALIA

Bratwurst-Obst-Spieße

▷

250 g Langkornreis
500 g feine Bratwurst
1–2 feste Bananen
3 Scheiben Ananas
1 großer fester Apfel
1 rote Paprikaschote

Bratwurst in kochendem Wasser 10 Minuten ziehen lassen, herausnehmen, etwas abkühlen lassen, Haut abziehen und in 1 cm dicke Scheiben schneiden. Banane ebenfalls in 1 cm dicke Scheiben schneiden. Abgetropfte Ananasringe in je 6–8 Stücke teilen. Geschälten Apfel quer in 1 cm dicke Scheiben und dann in gleichgroße Stücke wie Wurst und Bananen schneiden. Vorbereitete Paprikaschote in Stücke schneiden. Abwechselnd Wurst, Obst und Paprika auf Spieße stecken und in einer Pfanne ringsherum braun braten.
Auf heißem Reis anrichten.

Mini-Hamburger

250 g Tatar
1 kleines Ei
Salz, Pfeffer
Majoran
1 El Semmelbrösel
125 g paprikagefüllte grüne Oliven
2 El Olivenöl
Salatblätter
2 El Teufelssoße

Hackfleisch, Ei, Gewürze, Semmelbrösel mischen, ⅔ der Oliven fein hacken, unterkneten. Etwa 16 kleine, flache Hamburger formen und 5 Minuten in Öl von beiden Seiten knusprig braun braten, auf Küchenpapier auskühlen lassen. Zum Servieren jeden Hamburger auf ein kleines Stück Salat setzen, einen Kleks Soße und Olivenscheiben daraufgeben.

Tatar-Artischocken

1 Glas Artischockenböden (ca. 330 g)
Zitronensaft
3 Schalotten
Salz
Zitronenpfeffer
1 Prise Muskat
250 g Tatar
Petersilie

Artischockenböden abtropfen lassen, in Zitronensaft wenden. Schalotten abziehen, einige Ringe abschneiden, den Rest fein würfeln, mit den Gewürzen unter das Hackfleisch mischen, kräftig abschmecken und in die Artischockenböden füllen. Mit Schalottenringen und Petersilienblättchen garnieren.

Bunte Spießchen

▷

350 g Hackfleisch
1 Ei
35 g Semmelbrösel
3 Zwiebeln
Salz
weißer Pfeffer
2 kleine grüne Paprikaschoten
3 kleine Tomaten

Hackfleisch, Semmelbrösel, Ei und 1 feingehackte Zwiebel gut mischen, mit Salz und Pfeffer pikant abschmecken, etwa 25 walnußgroße Bällchen formen und in einer Pfanne kurz anbraten, herausnehmen und beiseitestellen. Paprikaschoten putzen, waschen, in ca. 25 kleine Dreiecke schneiden und in kochendem Salzwasser etwa 2 Minuten blanchieren. Zwiebel und Tomaten achteln. Abwechselnd Hackbällchen, Zwiebelspalten, Tomaten- und Paprikastücke auf Spieße stecken, rundherum braten, zwischendurch wenden. Nach dem Garen ganz leicht mit Salz und Pfeffer bestreuen und servieren.

Hackfleischpfanne mit Karotten, Linsen und Kreuzkümmel

100 g rote kleine Linsen
¼ l Fleischbrühe
3 El Essig
3 mittelgroße Karotten
1 Zwiebel
3 El Öl
400 g Lammhackfleisch
1 Tl gem. Kreuzkümmel
1 Prise Piment
Salz, Pfeffer
1 Bund Petersilie

Linsen in Fleischbrühe mit Essig 12 bis 15 Minuten kochen, bis sie gerade bißfest sind. Zwischenzeitlich Karotten schälen, schräg in dünne Scheibchen schneiden, Zwiebel hacken. Einen Wok oder eine Pfanne erhitzen, Öl darin heiß werden lassen, Karotten und Zwiebeln unter Rühren andünsten, Hackfleisch zufügen und braun braten. Linsen abgießen, Kochwasser dabei auffangen. Linsen, Kreuzkümmel, Piment, etwas Salz und Pfeffer unter das Hackfleisch mischen, weitere 10 Minuten braten. Falls es zu trocken sein sollte, etwas Kochbrühe zugießen. Grob gehackte Petersilie untermischen, Hackfleisch nochmals kräftig abschmecken.

Hackfleischspieße

▷

750 g Hackfleisch
200 g Zwiebeln
2 Knoblauchzehen
2 Eier
2 El scharfer Senf
Salz
Pfeffer
Öl zum Bepinseln

Hackfleisch mit feingehackten Zwiebeln, püriertem Knoblauch, Eiern und Senf gut mischen, mit Salz und Pfeffer abschmecken, Bällchen formen, auf Spieße stecken, rundherum mit Öl bepinseln und unter öfterem Wenden etwa 10 Minuten grillen.

Dreierlei gefüllte Champignons

12 große Champignons
1 El Butter

Für die Füllung:
1 kleine Zwiebel
1 Knoblauchzehe
150 g Rinderhackfleisch
1 El Sojasoße
Salz
Cayennepfeffer
schwarzer Pfeffer
2 Tomaten

Für die Frischkäse-Füllung:
½ El Kapern
½ Tl mittelscharfer Senf
Salz
weißer Pfeffer
200 g Doppelrahm-Frischkäse
einige Spritzer Zitronensaft
einige Basilikumblättchen

Für die Spinat-Füllung:
125 g Spinat
50 g geräucherter, durchwachsener Speck
weißer Pfeffer
Muskat
75 g Mozzarella
2 El Pinienkerne

Champignons putzen, mit einem Tuch abreiben und Stiele herausdrehen. Pilzköpfe in zerlassener Butter 10 Minuten dünsten, Zwischenzeitlich Stiele fein hacken und die gewünschte Füllung vorbereiten. Für die Hackfleischfüllung Zwiebel und Knoblauch fein hacken, mit Hackfleisch, Sojasoße, Cayennepfeffer, Salz, Pfeffer und gehackten Pilzstielen vermengen, in einer zweiten Pfanne alles mit etwas Fett durchbraten. Tomaten heiß überbrühen, häuten, vierteln, entkernen, das Fruchtfleisch nicht zu fein würfeln und unter die Hackfleischmasse mischen. Die Pilzköpfe in eine Auflaufform setzen, Mischung einfüllen, etwas Pilzsaft aus der Pfanne angießen und im Ofen bei 200 Grad 15 Minuten backen. Für die Frischkäse-Füllung Kapern hacken. Gegarte Pilzköpfe in eine Auflaufform setzen. Gehackte Stiele und Kapern andünsten und dann zusammen mit Senf, Salz und Pfeffer unter den Frischkäse rühren, mit Zitronensaft abschmecken. Große Basilikumblätter klein schneiden (kleine Blätter zum Garnieren beiseitelegen). Füllung in die Pilze verteilen, Form mit Alufolie abdecken und im Ofen bei 200 Grad backen. Vor dem Servieren mit Basilikumblättern garnieren. Für die Spinatfüllung den Spinat put-

zen, waschen, abtropfen lassen und etwas zerpflücken. Feingewürfelten Speck in einer Pfanne auslassen, gehackte Pilzstiele und Spinat zugeben, mit Pfeffer und Muskat würzen, kurz dünsten. Mozzarella grob zerhackt unter den Spinat mengen, Füllung in die Pilze geben, Pinienkerne darüberstreuen und im Ofen bei 200 Grad 10 Minuten backen.

Gefüllte grüne Nudelnester

▷

1 Paket grüne Paradies-Nudeln
Salz
50 g alter Gouda
20 g Butter

Für die erste Füllung:
1 Glas Nudelsoße »Pikanto«
1 kleine Dose Maiskörner

Für die zweite Füllung:
8 kleine Tomaten
Salz, Pfeffer
500 g Hackfleisch
1 Stange Porree
40 g Butter
El Mehl
4–6 El Fleischbrühe
2 El Crème fraîche

Für die dritte Füllung:
1 Zwiebel
1 rote Paprikaschote
400 g Hackfleisch
3 El Öl
1 El Mehl
1/8 l Fleischbrühe
4 El Dosensahne
1 Tl Basilikum

Nudeln in Salzwasser mit Öl bißfest kochen, abgießen, kalt abspülen, abtropfen lassen. Butter in einem Topf schmelzen, Nudeln und geriebenen Käse dazugeben, gut mischen. Auf einem mit Alufolie belegten, gefetteten Blech 8 Nudelnester formen. Die Füllungen können nach Geschmack ausfallen, die Zutaten hierfür sind jeweils nach einem Paket Nudeln bemessen.
Hier drei Variationen:
Für die erste Füllung Nudelsoße nach Anweisung erhitzen, abgetropfte Maiskörner zugeben, Nudelnester damit füllen und im Ofen bei 175 Grad erhitzen. Für die zweite Füllung Tomaten waschen, Deckel abschneiden, aushöhlen, kurz mit kochendem Wasser überbrühen, salzen, pfeffern und in die Nudelnester setzen. Hackfleisch mit kleingeschnittenen Frühlingszwiebeln in Butter anbraten, Mehl darüberstäuben, 4 El Wasser und Fleischbrühe zugeben, durchkochen, mit Crème fraîche abschmekken, in die Tomaten füllen und im Ofen bei 175 Grad heiß werden lassen. Für die Dritte Füllung gewürfelte Zwiebel und Paprikastückchen mit Hackfleisch in Öl anbraten, Mehl darüberstäuben, Fleischbrühe und Dosensahne zugießen, mit Basilikum würzen, Nudelnester damit füllen und im Ofen bei 175 Grad erhitzen.

Würzige Pfannkuchenrollen

▷

Für den Pfannkuchenteig
350 g Mehl
¼ l Milch
¼ l Mineralwasser
4 Eier
¼ Tl Salz
100 g Fett

Für die Füllung:
20 g getrocknete Steinpilze
½ grüne Paprikaschote
½ rote Paprikaschote
1 Zwiebel
2 El Öl
350 g Hackfleisch
1 Ei
1 Tl Basilikum
1 Tl Majoran
1 Msp. Thymian
1 Msp. Pfeffer
Salz
4 El Bratensoße
⅛ l Sahne

Zutaten für den Pfannkuchenteig mischen, rühren und 30 Minuten stehen lassen. Die Pilze in kaltes Wasser legen, kurz weichen lassen und dann das Wasser erneuern. Zwiebel schälen und fein hacken. Paprika putzen, Kerne und weiße Trennwände entfernen, ebenfalls fein hacken. Öl in einer Pfanne erhitzen, Zwiebel und Paprika darin andünsten und abkühlen lassen. Hackfleisch mit dem Ei zu den Zwiebeln geben und mit den Gewürzen zu einem glatten Teig verarbeiten. Aus dem Pfannkuchenteig 8–12 kleine dünne Pfannkuchen backen. Jeden Pfannkuchen dünn mit Hackfleischmasse bestreichen, aufrollen und an den Enden fest übereinanderschlagen, damit die Füllung nicht heraustreten kann. Die Rollen durch den restlichen Pfannkuchenteig ziehen und im schwimmenden Fett bei 180 Grad langsam ausbacken. Die Pilze mit dem Einweichwasser (¼ l) zum Kochen bringen, Bratensoße darin auflösen, mit der Sahne zusammen 3–4 Minuten kochen lassen und kräftig abschmecken. Fertige Pfannkuchen aus dem Fett nehmen, etwas abtropfen lassen und mit der Soße separat servieren.

Hackfleischpfanne mit Kichererbsen, Zimt und Tabasco

1 Dose Kichererbsen
2 rote Paprikaschoten
1 Zwiebel
2 El Butter
400 g Hackfleisch
100 ml Fleischbrühe
1 Tl Zimt, Tabasco
2 Tl Edelsüßpaprikapulver
Salz, Cayennepfeffer

Kichererbsen abgießen, abspülen und gut abtropfen lassen. Paprikaschote vierteln, putzen, waschen und in schmale Streifen schneiden, Zwiebel in dünne Ringe schneiden. Den Wok oder die Pfanne erhitzen, Fett darin aufschäumen, Paprika und Zwiebeln andünsten, herausheben und warm stellen. Im verbliebenen Fett unter Rühren Hackfleisch bröselig und braun braten, Kichererbsen, Fleischbrühe und Gewürze untermischen, unter gelegentlichem Rühren weitere 5 bis 7 Minuten garen.

Tatar mit Birne

▷

1 Stange Porree
1 Knoblauchzehe
2 El Sesamöl
1 El Sesam geröstet
Pfeffer, ½ Tl Zucker
3 El Sojasoße
300 g Tatar
1 große Birne
1 El gehackte Pinienkerne

Porree waschen, putzen, mit Küchenkrepp trockentupfen und in sehr feine Ringe schneiden. Knoblauch schälen und durch die Presse drücken. Porree, Knoblauch, Sesamöl, gerösteten Sesam, Pfeffer, Zucker und Sojasoße mit dem Tatar vermischen. Birne schälen, vierteln, Kernhaus ausschneiden und die Viertel in dünne Scheiben schneiden. Tatar und die Birnenscheibchen auf einem Teller anrichten und die Pinienkerne über die Birnen streuen. Dazu reicht man Stangenweißbrot.

Hackfleischröllchen mit Sprossen

etwa 250 g säuerliche Äpfel
1–2 El Zitronensaft
1 Zwiebel
75 g Bohnenkeime
30 g Cräcker
500 g Schweinehackfleisch
2 Tl Currypulver
1 Tl Kurkuma
1 El Senf
1 Ei
Salz
Pfeffer
2 El Öl
2 El Butter
¼ Beet Kresse

Äpfel gut waschen, vierteln, entkernen, einige schmale Spalten schneiden, übrige Äpfel in kleine Würfel teilen, getrennt mit Zitronensaft beträufeln. Cräcker in ein Tuch einschlagen, mit einem Nudelholz fein zerbröseln. Bohnenkeime abspülen und abtropfen lassen. Hackfleisch in einer Schüssel mit Curry, Kurkuma, Senf, Ei, Apfelwürfeln, feingehackter Zwiebel, Sprossen und Cräcker gut verkneten, salzen, pfeffern und etwa 20 daumenlange Röllchen formen. In einer großen Pfanne Öl und Butter erhitzen, Röllchen rundherum 10 Minuten braten, kurz vor Ende der Bratzeit die Apfelspalten zugeben. Mit Kresse bestreut servieren.

Fruchtige Hackbällchen

▷

1 Brötchen vom Vortag
⅛ l warme Milch
1 Zwiebel
400 g Hackfleisch
1 Msp. Salz
Pfeffer
Paprikapulver
1 El Ketchup
3 El Öl
1 Dose Mandarinen
1 Dose Champignons
½ Glas Tomatenpaprikastreifen
1 frische Ananas

Für die Marinade:
1 Becher Crème fraîche
½ Tl Senf
2 El Mandarinensaft
Salz
Pfeffer
1 El gehackte Petersilie

Brötchen in warmer Milch einweichen. Zwiebel schälen und fein hacken. Hackfleisch mit Ei, Salz, Pfeffer, Paprikapulver und Zwiebel vermischen. Brötchen aus der Milch nehmen, ausdrücken, zerpflücken und zu dem Hackfleisch geben, Ketchup zufügen und gut durchkneten, kleine Bällchen formen. Öl in der Pfanne erhitzen und die Hackbällchen darin rundherum knusprig braun braten. Herausnehmen und auf Küchenkrepp etwas abtropfen lassen. Warmstellen. Champignons je nach Größe halbieren oder vierteln. Mandarinenspalten und Tomatenpaprikastreifen in einem Sieb abtropfen lassen. Etwas von dem Mandarinensaft zurückbehalten. Ananas schälen und in Würfel schneiden. Alles vermischen und mit den Hackbällchen in einer dekorativen Schüssel anrichten. Für die Marinade Crème fraîche mit Senf, Mandarinensaft, Salz und Pfeffer verrühren. Abschmecken und über die fruchtigen Hackbällchen gießen. Mit der gehackten Petersilie bestreut servieren.

Hackfleischpfanne mit Staudensellerie, Kardamom und Minze

300 g Staudensellerie
1 Zwiebel
3 El Öl
500 g Hackfleisch
1 El Korinthen
1 El Pinienkerne
1 Tl gem. Kardamom
Salz
Pfeffer
2 Tl frische Minze
100 ml Fleischbrühe

Staudensellerie putzen, in Scheiben schneiden, Zwiebel hacken. Einen Wok oder eine große Pfanne erhitzen, Öl heiß werden lassen, Sellerie darin unter Rühren knackig garen, herausheben und beiseitestellen. Hackfleisch im verbliebenen Fett bröselig und braun braten, Zwiebeln, Korinthen, Pinienkerne, Gewürze, gehackte Minze, Brühe und Gemüse zufügen, weitere 5 Minuten unter Rühren braten und abschmecken.

Tatar im Blätterteig

▷

1 Pck. (TK-)Blätterteig
1 Zwiebel
1 Knoblauchzehe
1 grüne Paprikaschote
250 g Tatar
1 Eigelb
1 Tl Majoran
4 Topfen Tabasco
1 Eigelb zum Bestreichen
Salz, Pfeffer
1 Tl Paprikapulver
1 Tl Senf

Zum Bestreuen:
½ El grobes Salz
1 El Kümmel
1 Tl gehackte Kräuter
½ Tl Paprikapulver

Blätterteig auftauen, auf einem bemehlten Backbrett zu einer quadratischen Platte von 40 x 40 cm ausrollen. Daraus 16 kleine Quadrate von 10 cm ausschneiden. Zwiebel und Knoblauchzehe schälen und fein hacken. Paprikaschote entkernen, die weißen Trennwände entfernen und waschen. Tatar mit Gemüse und Eigelb vermischen. Mit Salz, Pfeffer, Paprikapulver, Senf, Majoran und Tabasco abschmecken. Daraus 10 Röllchen formen und auf die Teigquadrate legen. Den Teig leicht darüberklappen und die Ränder mit einer Gabel etwas andrücken. Mit dem Eigelb bestreichen und mit den Gewürzen bestreuen. Ein Backblech mit kaltem Wasser abspülen und die Tatarröllchen in Abständen daraufsetzen. In dem auf 200 Grad vorgeheizten Backofen 20 Minuten backen. Sofort servieren.

Hackfleischpfanne mit Chilischoten, Sambal Oelek und Kokosnuß

2 mittelgroße Zucchini
2 kleine Chilischoten
1 Zwiebel
3 El Öl
500 g Rinderhackfleisch
1 Tl Sambal Oelek
100 ml Fleischbrühe
Salz
Pfeffer
100 g Kokosraspel

Zucchini waschen, in kleine Würfel schneiden. Chilischoten längs aufschlitzen, Kerne entfernen, Schoten gründlich abspülen und in dünne Scheibchen schneiden. Zwiebeln in Ringe schneiden. Einen Wok oder eine Pfanne erhitzen, die Hälfte des Öls heiß werden lassen, dann Zucchini, Chilischoten und Zwiebel unter Rühren anbraten, herausnehmen und warmstellen. Restliches Öl erhitzen, Hackfleisch unter Rühren braun braten, Gemüse unterheben. Sambal Oelek und Brühe miteinander verquirlen und zufügen, salzen und pfeffern, kurz schmoren lassen und nochmals abschmecken. Abschließend die Kokosraspel gleichmäßig darüberstreuen.

Pikante Fleischtomaten (12 Portionen)

6 große Fleischtomaten
200 g Hackfleisch
2 Zwiebeln
2 Knoblauchzehen
150 g Blattspinat
1 Tl Olivenöl
100 g Parmesan
2 Eier
Salz
Pfeffer
1 El Olivenöl
12 Scheiben durchwachsener Speck

Tomaten waschen, Stielansätze herausdrehen, quer halbieren und aushöhlen. Das Innere von zwei Tomaten zusammen mit Hackfleisch, geviertelten Zwiebeln und Knoblauch in den Mixer geben und zerkleinern. Spinat waschen, in Streifen schneiden, in Öl andünsten, Hackmischung dazugeben, Käse und Eier einrühren, mit Salz und Pfeffer abschmecken und in die Tomaten füllen, mit Öl beträufeln, Speckscheiben darüberlegen und im vorgeheizten Backofen bei 200 Grad 25 Minuten backen. Warm oder kalt servieren.

Provenzalische Auberginen (12 Portionen)

6 kleine Auberginen à 200 g
2 Zwiebeln
1 Knoblauchzehe
5 Sardellenfilets
400 g Hackfleisch
80 g Parmesan
2 Eier
2 El Semmelbrösel
Salz
Kräuter der Provence
75 ml Tomatenpüree
2 El Olivenöl

Auberginen waschen, putzen, in kochendem Wasser 15 Minuten vorgaren, längs halbieren, das Innere bis auf einen 1½ cm dicken Rand herauslösen und hacken. Auberginenfleisch mit Hackfleisch, zerdrückten Sardellen, feingewürfelten Zwiebeln und Knoblauch, frisch geriebenem Käse, Eiern, Semmelbröseln, Salz und Kräutern mischen und in die Auberginen füllen. Mit Tomatenpüree beträufeln, mit Öl überziehen und im Ofen bei 200 Grad 45 Minuten backen.

Leckere Suppen mit Hackfleischeinlage

Reis-Spargel-Suppe

(Seite 203)

125 g Langkornreis
100 g Hackfleisch
1 El Semmelbrösel
1 kleine Zwiebel
1 kleines Ei
Salz
Pfeffer
Muskat
Paprika
1 l Fleischbrühe
280 g Spargelabschnitte (Dose)
2 Eigelb
1/8 l Sahne
1 Tl Speisestärke
1 Tasse trockener Weißwein
1 Prise Zucker
1 Bund Petersilie

Hackfleisch, Semmelbrösel, geriebene Zwiebel, Ei, Salz und Gewürze mischen, herzhaft abschmecken, aus der Masse kleine Klöße formen und in 1/4 l heißer Fleischbrühe garziehen lassen. Restliche Brühe und Spargelwasser zum Kochen bringen, Eigelb, Sahne, Speisestärke verrühren und die Suppe damit legieren. Spargelabschnitte, Fleischklöße mit Brühe und gekochten Reis in die Suppe geben, mit Weißwein, Salz, Zucker und Muskat abschmecken. Mit gehackter Petersilie bestreut servieren.

Tomatensuppe

▷

1 kg Tomaten
1/2 l Wasser
30 g Stärkemehl
1/8 l Fleischbrühe
1/8 l Sahne
1 Prise Zucker
1/2 Tl Salz
80 g gegarter Reis
1 Dose Maiskörner
100 g Erbsen
150 g Hackfleisch
1 Ei
1 El Semmelbrösel
2 El gehackte Petersilie
1 kleine Zwiebel
Salz
Pfeffer
Basilikum

Tomaten waschen, Stengelansätze entfernen, grob zerkleinern und einen Topf mit 1/2 l Wasser geben. Zum Kochen bringen, die Hitze reduzieren und 15 Minuten köcheln lassen. Dann die Suppe durch ein feines Sieb passieren und in einem Topf auffangen. Suppe wieder zum Kochen bringen. Stärkemehl mit der Brühe anrühren und die Suppe damit binden. Sahne unterrühren, mit Salz und Zucker abschmecken. In die heiße Suppe den Reis, den Mais und die Erbsen geben und auf kleiner Flamme warmhalten. Hackfleisch mit dem Ei, den Semmelbröseln, 1 El Petersilie, der feingewürfelten Zwiebel, Salz und Pfeffer gut vermischen, abschmecken und mit nassen Händen kleine Klößchen formen. Klößchen in die Suppe geben und garziehen lassen. Vor dem Servieren mit dem zweiten El Petersilie und dem gehackten Basilikum garnieren.

Broccolisuppe

▷

125 g Langkornreis
250 g Tatar
1 Tl Senf
1 Ei
Salz
Pfeffer
1 El Semmelbrösel
¾ l Fleischbrühe
500 g Broccoli
1 Zwiebel
1 El Butter
Muskat
⅛ l süße Sahne

Hackfleisch, Senf, Ei, Salz, Pfeffer und Semmelbrösel zu einem glatten Teig verarbeiten, kleine Klöße formen und in heißer Brühe etwa 5 Minuten ziehen lassen, dann herausnehmen. Broccoli waschen, einige Röschen beiseitestellen, Rest pürieren. Feingewürfelte Zwiebel in Fett andünsten, heiße Brühe zugießen, Broccoli dazugeben und etwa 15 Minuten garen. Gekochten Reis und Klöße hineingeben, die Suppe mit Salz, Pfeffer und Muskat abschmecken. Kurz vor dem Servieren die leicht angeschlagene Sahne unterziehen.

Hackfleisch-Pilaf

250 g Lammfleisch
250 g Hähnchenbrustfilets
1 Zwieben
1 Ei
1 Tl Curry
Salz
Pfeffer
Paprikapulver
2 El Zitronensaft
2 El gehackte Petersilie
4 Schalotten
4 El Öl
50 g Sultaninen
2 El Mango-Chutney
Zimt
Curry
125 g Langkornreis
⅜ l Fleischbrühe
2 El Butter

Zwiebel schälen und in Würfel schneiden. Fleisch würfeln und zusammen mit der Zwiebel durch den Fleischwolf drehen. Mit dem Ei zu einem glatten Teig verarbeiten und mit Salz, Pfeffer, Paprikapulver und Curry würzen. Zitronensaft und gehackte Petersilie zugeben. Aus dem Hackfleischteig walnußgroße Klößchen formen. Schalotten schälen und vierteln, im heißen Öl glasig dünsten, die Fleischklößchen dazugeben und rundherum anbraten. Rosinen dazugeben, Mango-Chutney einrühren und mit Zimt und Curry würzen. Reis einstreuen, unter Wenden glasig braten und mit der Fleischbrühe angießen. Aufkochen lassen, dann zugedeckt bei milder Hitze etwa 20 Minuten garziehen lassen. Butter unterrühren und servieren.

Hackfleischklößchen als Suppeneinlage

▷

200 g Hackfleisch
1 Ei
2 El Semmelbrösel
1 Zwiebel
Salz
Pfeffer

Zwiebel schälen und fein würfeln. Hackfleisch, gewürfelte Zwiebel, Ei, Semmelbrösel, Salz und Pfeffer zu einem Fleischteig verkneten und würzig abschmecken. Klößchen formen. In der heißen, aber nicht kochenden Suppe ziehen lassen, bis sie an der Oberfläche schwimmen. Die Klößchen passen z.B. zur Suppe S. 210.

Hackfleischtopf mit Bananen und Äpfeln

2 Zwiebeln
1 El Sojaöl
1 Tl Curry
250 g Lammhackfleisch
250 g Rinderhackfleisch
1 Ei
Salz
Pfeffer
1 El Zitronensaft
6 Schalotten
3 El Sojaöl
50 g Sultaninen
1 Mango
½ Tl Zimtpulver
½ Tl Curry
125 g Langkornreis
¼ l Gemüsebrühe
2 El Butter
2 Bananen
2 Äpfel
3–4 El Butter
1 El Akazienhonig
Cayennepfeffer

Zwiebeln schälen und in feine Würfel schneiden. Öl in einer Pfanne erhitzen und die Zwiebelwürfel darin glasig dünsten. Hackfleisch mit dem Ei mischen, mit Salz, Pfeffer und Zitronensaft würzen. Zwiebeln mit dem Curry bestäuben, etwas durchschwitzen und zum Hackteig geben. Gut vermischen. Schalotten schälen und vierteln. In einem Topf mit heißem Öl andünsten. Aus dem Hackfleischteig mit 2 Teelöffeln etwa walnußgroße Kugeln formen und zu den Zwiebeln geben. Unter mehrmaligem Wenden rundherum braun braten. Sultaninen waschen und abtropfen lassen, Mango in Spalten schneiden. Beides dazugeben. Mit Zimt und Curry bestäuben. Reis zugeben und unter Rühren anbraten. Mit der Brühe auffüllen und zugedeckt bei milder Hitze etwa 15 Minuten ausquellen lassen. Bananen und Äpfel schälen, Äpfel entkernen, beides in Würfel schneiden und in heißer Butter bei milder Hitze zugedeckt garziehen lassen. Mit Honig und einem Hauch Cayennepfeffer abschmecken. 2 El Butter würfeln und unter das Hackfleisch mischen. Auf einer angewärmten Platte mit dem Obst servieren.

Bunte Nudelsuppe

▷

125 g bunte Paradiesnudeln
Salz
1 l Fleisch- oder Hühnerbrühe
50 g Karotten
50 g grüne Bohnen
Hackfleischklößchen (s. S. 208)

Nudeln in reichlich kochendem Salzwasser mit Öl bißfest kochen, abgießen und abtropfen lassen. Fleischbrühe bereiten. Zwischenzeitlich Gemüse putzen, waschen und kleinschneiden, in der kochenden Brühe garen, Hackfleischklößchen und Nudeln zugeben und alles nochmals 5 bis 10 Minuten ziehen lassen.

Würziger Hackfleischtopf

2 Zwiebeln
2–3 Knoblauchzehen
250 g Karotten
2 El Olivenöl
750 g Rinderhackfleisch
Salz, Pfeffer
Paprikapulver
Nelkenpulver
1 Lorbeerblatt
Zimtpulver
⅛ l Rotwein
250 g Knoblauchwurst
1 El Olivenöl
150 g Langkornreis
½ l Fleischbrühe

Zwiebeln und Knoblauchzehen schälen und fein hacken. Karotten schaben, waschen und in Scheiben schneiden. Öl in einem Topf erhitzen und alles unter Wenden kurz anbraten. Hackfleisch etwas zerzupfen und dazugeben, unter Wenden grau braten, mit Salz, Pfeffer, Paprika und einer Prise Nelkenpulver würzen, Lorbeerblatt zugeben, mit dem Rotwein aufgießen und zugedeckt auf milder Hitze 15 Minuten schmoren. Öl in einem weiteren Topf erhitzen und den Reis darin anbraten, mit der Brühe auffüllen und zugedeckt etwa 15 Minuten ausquellen lassen. Wurst in feine Scheiben schneiden und unter das Hackfleisch geben, heiß werden lassen. Dann das Lorbeerblatt herausnehmen. Reis in einer vorgewärmten Schüssel anrichten und mit Paprika überstäuben, Hackfleisch in einer zweiten Schüssel separat servieren.

Mitternachtssuppe

▷

400 g Hackfleisch
25 g Butter
125 g Mettwurst
1 große Zwiebel
2 Knoblauchzehen
3 El Tomatenmark
250 g grüne Paprikaschoten
475 g rote Bohnen aus der Dose
¼ l Rotwein
2 Fleischbrühwürfel
Salz
Chilipulver
Edelsüßpaprikapulver

Hackfleisch, in Scheiben geschnittene Wurst, grob gehackte Zwiebel und feingepreßten Knoblauch zusammen in Butter gut durchbraten, in Streifen geschnittene Paprika zugeben und mitbraten, Tomatenmark zufügen. Bohnen abgießen, Flüssigkeit mit Wasser auf ½ l auffüllen, Hackfleisch damit ablöschen, Rotwein und Brühwürfel dazugeben, aufkochen und 10 Minuten leicht köcheln lassen, Bohnen in die Suppe geben, weitere 5 Minuten kochen lassen. Mit den Gewürzen abschmecken und servieren.

Bremer Labskaus

375 g Pökelrinderbrust
1 Lorbeerblatt
2 Zwiebeln
1 kg Kartoffeln
6 Heringsfilets
3 Salzgurken
250 g rote Bete (a. d. Glas)
2 Zwiebeln
3 El Fett
Pökelbrühe
Pfeffer
4 Eier

2 Zwiebeln schälen und vierteln, mit dem Fleisch in Wasser gar kochen, abkühlen lassen und durch den Fleischwolf drehen. Kartoffeln ohne Salz kochen, abgießen, fein stampfen. Die Hälfte der roten Bete, 2 Gurken und 2 Heringsfilets grob hacken. 2 weitere Zwiebeln schälen und fein würfeln. Fett in einem Topf erhitzen und die Zwiebelwürfel darin anbraten. Fleisch, Kartoffelbrei und die gehackte rote Bete, Gurken und Heringsfilets zugeben, mit Pökelbrühe aufgießen. Unter Rühren erhitzen. Restliche rote Bete und Gurken in Scheiben schneiden. In eine Pfanne mit wenig Fett Eier einschlagen, kräftig braten. Suppe auf 4 Tellern anrichten, mit je 1 Heringsfilet, der roten Bete, den Gurken und je 1 Spiegelei garnieren.

Kartoffelsuppe

▷

750 g Kartoffeln
2 Zwiebeln
500 g Lauch
75 g durchwachsener Speck
1 l heiße Fleischbrühe
Salz, Pfeffer
Selleriesalz
Majoran

Für die Hackbällchen:
1 Zwiebel
1 Tl Öl, 1 Ei
1 Brötchen vom Vortag
300 g Hackfleisch
1 Prise Muskat
3 Tomaten
1 El gehackte Petersilie

Kartoffeln schälen, würfeln. 2 cm große Würfel schneiden. Mit Wasser bedeckt stehen lassen. Zwiebeln schälen und fein würfeln. Lauch putzen, in Streifen schneiden, waschen und abtropfen lassen. Speck würfeln und auslassen, Zwiebeln und Lauch zugeben und 5 Minuten dünsten. Mit der Brühe angießen, die abgetropften Kartoffelwürfel zufügen und würzen. Zugedeckt 45 Minuten köcheln lassen. Zwiebel schälen, fein hacken und im erhitzen Öl glasig werden lassen. Brötchen in etwas Wasser einweichen und ausdrücken. Hackfleisch mit Zwiebel, Brötchen und Ei vermischen, mit Salz, Pfeffer und Muskat abschmecken. Walnußgroße Bällchen formen und in sprudelndes Salzwasser geben. Bei mäßiger Hitze 10 Minuten ziehen lassen. Bällchen herausnehmen und abtropfen lassen. Tomaten waschen, achteln, Kerne und Stengelansätze entfernen und 10 Minuten vor Ende der Garzeit in die Suppe geben. Hackbällchen ebenfalls in die Suppe geben und kurz durchziehen lassen, mit Petersilie bestreut servieren.

Präsidentenwecker

500 g Hackfleisch
500 g Zwiebeln
1 Dose Tomatenmark
250 g Sauerkraut
2 Gewürzgurken
¼ l Tomatensaft
2 l Fleischbrühe
Salz, Pfeffer
Edelsüßpaprikapulver
Knoblauchsalz
Kümmelpulver
1 Becher saure Sahne
gehackte Petersilie

Zwiebeln schälen und fein hacken. Etwas Öl in einer Pfanne erhitzen, Zwiebeln und Hackfleisch darin anbraten. Hackfleisch dabei mit einem Kochlöffel auflockern und bröselig machen. Gewürzgurken fein hacken und mit Tomatenmark und Sauerkraut dazugeben. Kräftig dünsten, dann mit Tomatensaft und Brühe aufgießen. 30 Minuten kochen lassen, dann mit den Gewürzen herzhaft abschmecken. Mit jeweils einem Klecks saurer Sahne und gehackter Petersilie garniert servieren.

Pilztopf

▷

100 g durchwachsener Speck
2 Zwiebeln
3 El Öl
1 grüne Paprikaschote
1 rote Paprikaschote
1 Dose Mischpilze
¾ l Fleischbrühe
1 Tl Salz
Pfeffer
1 Msp. Paprikapulver
4 Tomaten
1 El gehackte Petersilie

Für die Klößchen:
1 Brötchen vom Vortag
⅛ l Wasser
250 g Hackfleisch
2 Zwiebeln
1 Ei
½ Tl Salz
Pfeffer
½ Tl Senf

Speck in kleine Würfel schneiden. Zwiebeln schälen und fein hacken. Öl in einem Topf erhitzen und alles darin glasig dünsten. Paprikaschoten halbieren, putzen, waschen und in Streifen schneiden. Ebenfalls dazugeben und mit andünsten. Mischpilze durch ein Sieb abtropfen lassen, in den Topf geben und mit der Brühe aufgießen. Mit Salz, Pfeffer und Paprikapulver würzen, umrühren und bei milder Hitze leicht köcheln lassen. Für die Klößchen das Brötchen im Wasser einweichen, herausnehmen und gut ausdrücken, mit dem Hackfleisch in eine Schüssel geben. Zwiebeln schälen, fein hacken und zu dem Hackfleisch geben. Ei, Salz, Pfeffer und Senf dazugeben und alles zu einem Teig verkneten. Kleine Klößchen formen, in kochendes Salzwasser geben und die Hitze reduzieren. Ca. 10 Minuten ziehen lassen. Tomaten kreuzförmig einritzen, kurz in kochendes Wasser halten, häuten, achteln und entkernen. Klößchen aus dem Wasser nehmen und mit den Tomaten unter das Gemüse mischen. Kurz ziehen lassen, mit Petersilie bestreut servieren.

Asiatische Gurkensuppe *(6 Portionen)*

1 Bund Schnittlauch
1 Gurke, Pfeffer
2 l Hühnerbrühe
150 g Hackfleisch
20 g Glasnudeln
5 g Mu-Err-Pilze
1 Zwiebel
1 Prise Glutamat
2 El Sojasoße
1 Ei

Schnittlauch waschen und fein hacken. Gurke schälen und in ca. 4 cm breite Scheiben schneiden, Kerne mit einem spitzen Messer herausschälen. Glasnudeln und Mu-Err-Pilze in 2 Schüsselchen mit Wasser je 5 Minuten einweichen, dann fein hacken. Zwiebel schälen und ebenfalls fein hacken. In einer weiteren Schüssel Hackfleisch mit den gehackten Glasnudeln und Pilzen, dem Ei und den Gewürzen mischen, gut durchkneten und die Gurkenstücke damit füllen. Hühnerbrühe erhitzen und die gefüllten Gurkenstücke hineingeben. Zugedeckt 20 Minuten leise kochen lassen. Mit Schnittlauch bestreut servieren.

Linsen-Tomaten-Suppe *(20 Portionen)*

500 g durchwachsener Speck
1 kg Linsen
4 Markknochen
400 g Schinkenknochen
1 Zweig Rosmarin
4 Lorbeerblätter
3½ l Gemüsebrühe
350 g Karotten
450 g Knollensellerie
2 Petersilienwurzel
600 g Porree
100 g Zwiebeln
2 El Öl
3 Scheiben Weizentoast
500 g Hackfleisch
2 Eier
Salz
1–2 Tl Sambal Oelek
2 Dosen Tomaten (à 800 g EW)
2 Bund glatte Petersilie

Speckschwarte abschneiden, Speck würfeln, in einem großen Topf knusprig ausbraten, Speckwürfel herausnehmen und beiseitestellen. Linsen im Speckfett andünsten, beide Knochensorten, Rosmarinnadeln und Lorbeer zugeben, mit Gemüsebrühe auffüllen und langsam zum Kochen bringen, sorgfältig abschäumen. Markknochen nach 5 Minuten herausnehmen, Mark herausdrücken, Knochen wieder in den Topf geben. Alles bei milder Hitze offen 1½ Stunden leise kochen lassen. Mark hacken, Karotten, Sellerie, Petersilienwurzel und Porree in feine Würfel schneiden, Mark in einer großen Pfanne auslassen, Gemüsewürfel zugedeckt darin 7 Minuten dünsten, beiseitestellen. Für die Klößchen Zwiebeln fein würfeln, in Öl glasig dünsten. Hackfleisch mit Zwiebeln, eingeweichtem, ausgedrücktem Toastbrot, Eiern, Salz und Sambal Oelek gut verkneten, etwa 3 cm große Klößchen formen, in leise kochendem Salzwasser 10 Minuten garen, abtropfen lassen. Tomaten grob zerteilen und mit dem Saft aus der Dose zur Suppe geben, mit Salz abschmecken, Knochen herausnehmen, gedünstetes Gemüse und Fleischklößchen zugeben, heiß werden lassen. Kurz vor dem Servieren grob gehackte Petersilie in die Suppe geben und mit Speckwürfeln bestreuen. Die Suppe eignet sich zum Einfrieren.

Hackfleischaufläufe lecker überbacken

Hackfleischauflauf mit Zucchini

(Seite 219)

500 g Schweinemett
1 Knoblauchzehe
1 kg Zucchini
120 g Pfifferlinge aus der Dose
Salz
Pfeffer
1 Pck. helle Soße
3 El Weißwein
2 Ecken Schmelzkäse

Zucchini evtl. schälen. Enden wegschneiden und in feine Scheiben schneiden. Eine flache Auflaufform mit Mett ausstreichen. In Scheiben geschnittene Zucchini in kochendem Salzwasser 7 Minuten ziehen lassen, abtropfen lassen, mit den ebenfalls abgetropften Pfifferlingen auf dem Mett verteilen, würzen. Käseecken in der mit Wasser und Wein vorbereiteten Soße schmelzen lassen, Soße über den Auflauf gießen und im vorgeheizten Backofen bei 225 Grad etwa 30 Minuten überbacken.

Würziger Hackfleischauflauf mit Broccoli

▷

375 g Hackfleisch
125 g Zwiebeln
50 g Butter
3 El Tomatenketchup
1 Pck. gemischte Kräuter
Salz, Pfeffer
1 Pck. (TK-) Broccoli
¼ l Fleischbrühe
2 Eigelb
1 Becher Crème fraîche
Muskat
3 El Emmentaler
2 Eiweiß

Zwiebeln schälen und in feine Würfel schneiden. Kartoffeln mit der Schale 20 Minuten kochen. Zwischenzeitlich Hackfleisch in Butter kurz anbraten, gewürfelte Zwiebeln mitbräunen, Tomatenketchup, Kräuter, Salz und Pfeffer zugeben. Broccoli in ¼ l Brühe etwa 5 Minuten kochen, abgießen. Kartoffeln pellen, in Scheiben schneiden, eine gefettete Auflaufform damit auslegen, Hackfleischmasse darauf verteilen, mit der Hälfte des Broccoli abdecken. Die andere Hälfte pürieren, mit Eigelb, Crème fraîche, Salz, Muskat und geriebenem Käse verrühren, Eiweiß zu Schnee schlagen und unter die Eigelbmasse heben, über den Auflauf gießen und im vorgeheizten Backofen bei 200 Grad etwa 35 Minuten überbacken.

Hackfleisch-Kartoffel-Auflauf mit Äpfeln

▷

500 g Hackfleisch
1 Brötchen vom Vortag
2 Eier
Salz
Pfeffer
250 g Äpfel
500 g gekochte Kartoffeln
1–2 Zwiebeln
50 g Semmelbrösel
30 g Butter

Brötchen in etwas Wasser einweichen. Hackfleisch mit eingeweichtem, ausgedrücktem Brötchen, Eiern, Salz und Pfeffer zu einem geschmeidigen Teig verkneten. Äpfel schälen, entkernen, in Würfel schneiden, Kartoffeln schälen und würfeln, Zwiebeln reiben und alles unter das Hackfleisch mischen. Auflaufform fetten, mit Semmelbröseln ausstreuen, Masse hineinfüllen, mit Semmelbröseln bestreuen, Butterflöckchen darauf verteilen und im vorgeheizten Backofen bei 200 Grad etwa 30 Minuten überbacken. Mit frischem Salat servieren.

Wirsingauflauf mit Grünkern

8–10 Wirsingblätter
½ l Gemüsebrühe
3 Zwiebeln
30 g Butter
100 g Grünkernschrot
3 Knoblauchzehen
3 El Öl
200 g Tatar
Salz
Pfeffer
Muskat
1 Ei
100 g Vollkorntoast
1 Bund glatte Petersilie
½ El Rosmarin
500 g Tomaten
150 g Crème fraîche

Wirsingblätter waschen, Mittelrippen flach schneiden, portionsweise in schwach kochender Brühe 3 Minuten zugedeckt garen, abtropfen; Brühe aufbewahren. Blätter zweimal längs und zweimal quer durchschneiden. Zwei Drittel der gewürfelten Zwiebeln glasig dünsten, Grünkern unterrühren und andünsten, mit etwa 300 ml Wirsingbrühe auffüllen, 3 Minuten kochen, dann abkühlen lassen. 1 El Öl erhitzen, Hackfleisch scharf anbraten, restliche Zwiebeln und gehackten Knoblauch zugeben, mit Salz, Pfeffer und Muskat würzen. Hackfleisch mit Grünkern und Ei verkneten und abschmecken. Gewürfelten Toast, gehackte Kräuter und gepreßten Knoblauch im Mixer fein zerkleinern, Tomatenscheiben salzen und pfeffern. Eine Auflaufform mit Öl auspinseln, je zwei Lagen Wirsing, Grünkern und Tomaten einschichten, dabei die Tomatenschicht jeweils mit Kräuter-Bröseln bestreuen. Zuletzt Wirsing auflegen, mit Tomaten garnieren, mit Öl bepinseln, Crème fraîche und restliche Brösel darauf verteilen und im vorgeheizten Backofen auf der zweiten Einschubleiste bei 200 Grad etwa 45 Minuten backen.

Hackauflauf mit weißen Bohnen

▷

2 Dosen weiße Bohnen
50 g Butter
125 g durchwachsener Speck
500 g Zwiebeln
Rosmarin
375 g Hackfleisch
Salz
Pfeffer
Knoblauchpulver
1 Ei
4 El Semmelbrösel

Bohnen abtropfen lassen, Saft dabei auffangen. Gewürfelten Speck in 30 g Butter ausbraten, in Scheiben geschnittene Zwiebeln darin glasig dünsten, mit Rosmarin würzen. Die Hälfte der Bohnen in eine feuerfeste Form geben, Zwiebeln darauflegen. Hackfleisch anbraten, mit Salz, Pfeffer und Knoblauchpulver würzen, auf die Zwiebeln geben, darüber die restlichen Bohnen verteilen und mit Knoblauchpulver würzen. Ei mit ¼ l Bohnenflüssigkeit verrühren, über den Auflauf gießen, mit Semmelbröseln und Butterflöckchen belegen und im vorgeheizten Backofen bei 250 Grad etwa 30 Minuten überbacken.

Hackfleisch-Tomaten-Toast-Auflauf

2 El Butter
1 Zwiebel
4 Sardellen
400 g Hackfleisch
Salz, Pfeffer
Edelsüßpaprikapulver
12 Scheiben Vollkorntoast
8 kleine Tomaten
150 g Mozzarella
⅜ l Milch
2 Eier
1 Tl Schale einer unbehandelten Zitrone
1 Bund Petersilie

Feingewürfelte Zwiebel in Butter andünsten, gewaschene und feingeschnittene Sardellenfilets unterrühren, Hackfleisch zugeben und mitdünsten, dabei immer wieder umrühren, mit Salz, Pfeffer und Paprika würzen. Brot toasten, Tomaten in Scheiben schneiden, Mozzarella grob würfeln. Milch und Eier verquirlen, mit Salz, Pfeffer und feingeriebener Zitronenschale würzig abschmecken, ¾ der gehackten Petersilie untermischen. Eine leicht gefettete Form mit 6 Toastscheiben auslegen, je die Hälfte Fleischmenge und Tomaten einschichten, mit 75 g Mozzarella bestreuen, salzen und etwas Eiermilch darübergießen. Eine zweite Lage, wie beschrieben, einschichten, mit der restlichen Eiermilch begießen und im Ofen bei 200 Grad 30 Minuten backen. Mit Petersilie bestreut servieren.

Nudel-Hackfleisch-Auflauf mit Kohlrabi und Karotten ▷

300 g Hackfleisch
1 mittlerer Kohlrabi
1 mittelgroße Karotte
2 Zwiebeln
1 Knoblauchzehe
125 g Champignons
50 g Butter
1 Pck. gemischte Kräuter
je 1/8 l Weißwein und Fleischbrühe
50 g geriebenen Emmentaler
Salz
Pfeffer
250 g grüne Nudeln

Für die Soße:
2 Eier
1/2 Becher Créme fraîche
40 g geriebenen Emmentaler
4 El Milch, Muskat

Zwiebeln, Kohlrabi, Karotte und Champignons putzen und klein schneiden, in der Butter andünsten, Brühe und Weißwein angießen. Knoblauchzehe schälen und fein hacken. Hackfleisch mit Knoblauch, Kräutern, Salz Pfeffer und Emmentaler gut durchkneten, das Gemüse unterheben. Die Nudeln in reichlich kochendem Salzwasser bißfest garen und in eine gefettete Auflaufform mit dem Hackfleisch-Gemüse-Gemisch abwechselnd einschichten. Für die Soße alle Zutaten erhitzen, mit Muskat abschmecken und über den Auflauf geben. Bei 200 Grad im vorgeheizten Backofen etwa 40 Minuten überbacken.

Augsburger Hochzeitsbraten

2 Brötchen vom Vortag
500 g Hackfleisch
2 Eier
1 Zwiebel
Salz, Pfeffer
Paprikapulver
500 g Kalbsschulter
1 Zwiebel
1 El Butter
1 Ei
100 g Emmentaler
100 g gekochter Schinken
Rosmarin
Thymian
4 hartgekochte Eier
6 dünne Scheiben Speck

2 Brötchen getrennt in 2 Tassen in etwas Wasser einweichen, dann ausdrücken. Eines davon mit dem Hackfleisch und 2 Eiern sowie der feingehackten Zwiebel zu einem glatten Teig verarbeiten. Mit Pfeffer, Salz und Paprika abschmecken. Eine gefettete Kastenform mit Paniermehl ausstreuen und mit dem Hackfleischteig auskleiden. Kalbsschulter durch den Fleischwolf drehen, dann mit dem 2. eingeweichten Brötchen und der gehackten, in Butter glasig gebratenen Zwiebel sowie dem Ei einen glatten Teig herstellen. Mit Pfeffer und Salz würzen. Käse und Schinken in feine Würfel schneiden, mit Thymian und Rosmarin würzen und in die ausgekleidete Form geben. Die gekochten Eier schälen und hineindrücken. Mit Kalbshackfleisch zudecken. Mit dem Speck belegen und im vorgeheizten Backofen bei 200 Grad 60 Minuten backen. 10 Minuten ruhen lassen, Speckscheiben abnehmen und den Braten stürzen. In Scheiben geschnitten servieren.

Fränkischer Krautauflauf

▷

1 mittelgroßer Weißkrautkopf
80 g Schweineschmalz
1 Zwiebel
1 Prise Salz
1 Lorbeerblatt
1 Gewürznelke
500 g Hackfleisch
Salz
Pfeffer
50 g dünne Speckscheiben
2 El saure Sahne

Gewaschenen Krautkopf kurz in heißes Wasser geben, 6–8 große Blätter ablösen. Restliches Kraut in kleine Würfel schneiden, im heißen Schmalz mit kleingeschnittener Zwiebel, Salz, Lorbeerblatt und der Nelke weichdünsten, Lorbeerblatt und Nelke herausnehmen. Eine gut gefettete Bratpfanne mit 3–4 großen Krautblättern auslegen. Hackfleisch mit gedünstetem Kraut, Salz und Pfeffer gut mischen, Fleischteig auf die Krautblätter geben, restliche Krautblätter darauf verteilen, mit Speckscheiben belegen, heiße Sahne darüberstreichen und im Ofen etwa 1 Stunde braten. In Scheiben aufgeschnitten servieren.

Hackfleisch-Spinat-Kuchen

1 Pkt. Blätterteig
200 g Spinat
300 g Tomaten
1 Zwiebel
1 Knoblauchzehe
300 g Rinderhackfleisch
2 El Parmesan
1 Tl mittelscharfer Senf
Salz
schwarzer Pfeffer
2 El Olivenöl
frischer Thymian
⅛ l Sahne
2 Eier

Blätterteigmenge entsprechend der Größe der Auflaufform auftauen und diese damit auslegen. Spinat waschen, putzen, zerzupfen, abtropfen lassen. Hackfleisch mit Parmesan, Senf, Salz und Pfeffer vermengen, in Olivenöl anbraten, feingewürfelte Zwiebeln und Knoblauch kurz mitbraten. Abgezupfte Thymianblättchen (etwas zum Garnieren beiseitelegen) und Spinat zum Hackfleisch geben, Spinat zusammenfallen lassen. Die Masse nochmals kräftig abschmecken, kurz abkühlen lassen und auf dem Teigboden verteilen, Tomatenscheiben darauflegen. Sahne mit Eiern verquirlen, leicht salzen, über den Kuchen gießen und im vorgeheizten Ofen bei 200 Grad etwa 50 Minuten überbacken. Vor dem Servieren mit einigen Thymianblättchen garnieren.

Hackfleisch-Gemüse-Pastete

▷

500 g Hackfleisch
2 El Öl
2 Zwiebeln
Salz
Pfeffer
Paprikapulver
Tomatenmark
750 g gemischtes Gemüse
3 Eier
1 Pkt. (TK-) Blätterteig
etwas Dosenmilch

Zwiebeln schälen und fein würfeln. Hackfleisch in Öl bröselig braten, gewürfelte Zwiebeln zufügen, mit den Gewürzen abschmecken, kleingeschnittenes gemischtes Gemüse unterheben und einige Minuten dünsten, dann die Eier darüberschlagen und unter Rühren stocken lassen. Aufgetauten Blätterteig ausrollen, eine feuerfeste, kalt ausgespülte Form damit auslegen, Teig am Rand etwas hochziehen, Fleischfüllung hineingeben. Mit Blätterteig abdecken, mehrmals mit einer Gabel einstechen, mit Dosenmilch bestreichen und im vorgeheizten Backofen bei 200 Grad goldgelb backen.

Wirsing-Hackfleisch-Auflauf

1 Wirsingkohl (1,5 kg)
500 g Kartoffeln
75 g Kokosfett
Salz
Pfeffer
Zwiebelpulver
1 Tl Kümmel
2 Brötchen vom Vortag
375 g Hackfleisch
200 g Zwiebeln
2 Eier

Wirsingkohl putzen, achteln, Strunk entfernen, in Streifen schneiden und abspülen. Kartoffeln schälen, waschen, in Scheiben schneiden. 25 g Kokosfett in einer großen Pfanne erhitzen, Kartoffeln darin etwa 10 Minuten braun braten, mit Salz, Pfeffer und Zwiebelpulver würzen, wieder aus der Pfanne nehmen. Restliches Fett in die Pfanne geben, Kohl darin dünsten, bis er leicht zusammengefallen ist, kräftig würzen. Hackfleisch mit eingeweichten, ausgedrückten Brötchen, gewürfelten Zwiebeln, Eiern, Salz und Pfeffer zu einem glatten Teig verkneten. Eine große Auflaufform ausfetten, Hälfte des Kohls einfüllen, dann Hackfleisch, Kartoffeln und restlichen Kohl einschichten, mit Alufolie abdecken und im Ofen bei 180 Grad etwa 50 Minuten garen.

Porreeauflauf mit Kartoffeln und Hackfleisch

1 kg Porree
500 g Kartoffeln
Kräutersalz
250 g Tatar
4 Tl Sojaöl
weißer Pfeffer
½ l Magermilch
4 Eigelb
Muskat
4 El Emmentaler

Porree waschen, putzen, in Ringe schneiden. Kartoffeln schälen und in Scheiben schneiden. Beides in kochendem Salzwasser etwa 4 Minuten blanchieren. Tatar in Öl bröselig anbraten, mit Salz und Pfeffer würzen. Porree, Kartoffeln und Hackfleisch in eine gefettete Form schichten. Magermilch und Eigelb verquirlen, mit Salz, Pfeffer und Muskat würzen, über den Auflauf gießen, geriebenen Käse darüberstreuen, mit Alufolie abdecken und im Ofen bei 225 Grad etwa 30 Minuten überbacken. Folie entfernen und weitere 10 Minuten goldgeld backen.

Kanzlers Leibspeise – Pfälzer Saumagen

1 Saumagen
Für die Füllung:
1 kg Kartoffeln
250 g Möhren
250 g Lauch
500 g Mett
500 g Bratwurstbrät
1 kg Schweineschulter
60 g Salz
1 Tl Pfeffer
1 Tl Muskat
1 Tl Koriander
1 Msp. Thymian
1 Msp. Kardamom
1 Msp. gem. Nelken
1 Tl Majoran
1 Tl Basilikum
1 Zwiebel
2 Lorbeerblätter (gemahlen)
2 Bund Petersilie
150 ccm Pfälzer Riesling

Für die Brühe:
1 Zwiebel
2 Nelken
2 Lorbeerblätter
1 Tl Pfefferkörner
Salz

Für die Füllung Kartoffeln schälen und würfeln, in Salzwasser garen. Möhren und Lauch putzen, würfeln und blanchieren. Schweineschulter und Zwiebeln würfeln. Petersilie hacken. Alle Zutaten vermengen und 24 Stunden zugedeckt ziehen lassen. Ein Ende des Saumagens mit Küchenfaden zubinden. Füllung locker einfüllen, nicht zu sehr stopfen, da sonst der Saumagen reißt. 2. Öffnung ebenfalls mit Garn verschließen. Einen großen Topf mit Wasser füllen, auf den Boden des Topfes einen Teller legen und darauf den Saumagen, damit dieser den Topfboden nicht berührt. Zutaten für die Brühe zugeben, zuvor die beiden Nelken in die geschälte Zwiebel stecken, mit reichlich Salz abschmecken. 4–4 ½ Stunden bei schwacher Wärmezufuhr zugedeckt garen, das Wasser sollte nie kochen. Den Saumagen in Scheiben geschnitten mit Sauerkraut und Kartoffelpüree servieren.

So sagt man in

Deutschland	*Österreich*
Aprikosen	Marillen
Blumenkohl	Karfiol
Bohnen	Fisolen
Brühe, Fleischbrühe, Bouillon	Klare Suppe
Bund	Büscherl
Eigelb	Eidotter
Eiweiß	Eiklar
Estragon	Bertram
Feldsalat	Vogerlsalat
Filet	Lungenbraten
Frikadellen	Fleischlaberl, Faschierte Laberl
Geräuchertes	Geselchtes
Hackfleisch	Faschiertes
Helle Sauce	Einmach
Karotten	Gelbe Rüben
Kartoffeln	Erdäpfel
Kohlrabi	Kohlrüben
Kopfsalat	Häuptlsalat, Bummerl
Lamm/Hammel	Schöpsenfleisch
Lende	Beefsteak
Mais	Kukuruz
Meerrettich	Kren
Mett	Schweinehackfleisch
Paniermehl	Semmelbrösel
Pilze	Schwammerl
Quark	Topfen
Rosenkohl	Kohlsprossen
Saure Sahne	Saurer Rahm
Süße Sahne	Obers
Thymian	Kuttelkraut
Tomaten	Paradeiser
Weißkohl, Wirsing	Kohl/Kraut

Rezeptregister

A

B

C

D

E

F

G

H

I

K

L

M

N

P

R

S

T

V

W

Z

BILDNACHWEIS:

Für die freundliche Überlassung der Dias danken wir im einzelnen den folgenden Firmen (in alphabetischer Reihenfolge):

CMA, Bonn, für die Seiten: 15, 17, 19, 21, 23, 25, 27, 29, 37, 39, 59, 63, 65, 67, 73, 75, 77, 79, 81, 83, 85, 87, 89, 101, 107, 109, 111, 113, 115, 127, 129, 131, 133, 135, 137, 155, 165, 169, 171, 179, 181, 183, 189, 191, 209, 213, 219, 221, 223, 225, 227, 229, 231

3 Glocken GmbH, Weinheim, für die Seiten: 117, 157, 159, 161, 193, 211

Fotostudio Teubner, Füssen, für die Seiten: 43, 45, 47, 49, 51, 53, 57, 93, 95, 97, 119, 121, 123, 141, 143, 145, 147, 151, 163, 195, 197, 199, 201, 205, 215, 217

Komplett Büro, München, für die Seiten: 11, 31, 33, 35, 41, 105, 125, 173, 175

Kraft General Foods GmbH, Eschborn, für die Seite: 55

Reis Fit, Eschborn, für die Seiten: 13, 69, 99, 149, 153, 185, 187, 203, 207

Union Deutsche Lebensmittelwerke GmbH, Hamburg, für die Seiten: 91, 103, 139, 177